ユニフォーム姿の子規.
松山市立子規記念博物館所蔵・提供.

ベースボール

うちはづす球《まり》キヤツチヤーの手にありて
ベースを人のゆきかてにする　升

子規自筆の短冊．
『竹乃里歌』では，
結句が「行きぞわ
づらふ」．
松山市立子規記念
博物館所蔵・提供．

目　次

正岡子規ベースボール文集

一　ベースボールの句

まり投げて見たき広場や春の草　〔明治二十三年〕

恋知らぬ猫のふり也《なり》球《まり》あそび　〔明治二十三年〕

春風やまりを投げたき草の原　〔明治二十三年〕

球《まり》うける極秘は風の柳かな　〔明治二十三年〕

若草や子供集まりて毬《まり》を打つ　〔明治二十九年〕

草茂みベースボールの道白し　〔明治二十九年〕

夏草やベースボールの人遠し　〔明治三十一年〕

生垣の外は枯野や球《まり》遊び　〔明治三十二年〕

蒲公英《たんぽぽ》ヤボールコロゲテ通リケリ　〔明治三十五年〕

二　ベースボールの歌

ベースボールの歌

久方《ひさかた》のアメリカ人のはじめにしベースボールは見れど飽かぬかも

国人ととつ国人とうちきそふベースボールを見ればゆゝしも

若人のすなる遊びはさはにあれどベースボールに如《し》く者はあらじ

九つの人九つのあらそひにベースボールの今日も暮れけり

今やかの三つのベースに人満ちてそゞろに胸のうちさわぐかな

九つの人九つの場をしめてベースボールの始まらんとす

うちはづす球《まり》キヤツチヤーの手に在りてベースを人の行きぞわづらふ

うちあぐるボールは高く雲に入りて又落ち来《きた》る人の手の中に

なか〳〵にうちあげたるは危《あやう》かり草行く球《まり》のとゞまらなくに

〔歌はいずれも『竹乃里歌』中の明治三十一年の作〕

球《まり》及び球《まり》を打つ木を手握りてシヤツ著《き》し見れば其《その》時おもほゆ

〔『竹乃里歌』中の明治三十二年の作〕

三　ベースボールとは何ぞや——随筆『松蘿玉液』より

○ベースボール　に至りてはこれを行ふ者極めて少く、これを知る人の区域も甚だ狭かりしが、近時第一高等学校と在横浜米人との間に仕合《マッチ》ありしより以来ベースボールといふ語は端《はし》なく世人の耳に入りたり。されどもベースボールの何たるやは殆《ほとん》どこれを知る人無かるべし。ベースボールは素《も》と亜米利加《アメリカ》合衆国の国技とも称すべきものにして、その遊技の国民一般に賞翫せらるゝは恰《あたか》も我邦の相撲、西班牙《スペイン》の闘牛などにも類せりとか聞きぬ。（米人の吾に負けたるをくやしがりて幾度も仕合を挑《いど》むは殆ど国辱とも思へばなるべし。）この技の我邦に伝はりし来歴は詳《つまび》らかにこれを知らねども、あるいは云ふ、元新橋鉄道局技師（平岡凞《ひろし》と云ふ人か）米国より帰りてこれを新橋鉄道局の職員間に伝へたるを始とすとかや。（明治十四、五年の頃にもやあらん。）それよりして元東京大学（予備門）へ伝はりしと聞けど如何《いかが》や。また同時に工部大学校、駒場農学校（のちの東京帝国大学農学部）へも伝はりたりと覚ゆ。東京大学予備門は後の第一高等中学校にして今の第一高等学校なり。明治十八、九年来の記憶に拠《よ》れば予備門または高等中学は時々工部大学、駒場農学と仕合ひたることあり。また新橋組と工部と仕合ひたることもありしか。その後、青山英和学校〔のちの青山学院〕も仕合に出掛けたることありしかど年代は忘れたり。されば高等学校がベースボールにおける経歴は今日に至るまで十四、五年を費せりといへども(もっとも生徒は常に交代しつゝあるなり)ようやくその完備せるは廿三、四年以後なりとおぼし、これまでは真の遊び半分といふ有様なりしが、この時よりやや真面目の技術となり技術の上に進歩と整頓とを現せり。少くとも形式の上に於《おい》て整頓し初めたり。すなはち攫者《キャッチャー》が面と小手(撃剣に用ふる面と小手の如《ごと》き者)を着けて直球《ヂレクトボール》を攫《つか》み、投者《ピッチャー》が正投《ピッチ》を学びて、今まで九球なりし者を四球(あるいは六球なりしか)に改めたるが如きこれなり。次にその遊技法につきて多少説明する所あるべし。

(〔明治二十九年〕七月十九日)

○ベースボールに要するもの　はおよそ千坪ばかりの平坦なる地面(芝生ならばなほ善

し）、皮にて包みたる小球《ボール》（直径二寸〔〇・〇六メートル〕ばかりにして中は護謨《ゴム》、糸の類にて充実したるもの）、投者《ピッチャー》が投げたる球を打つべき木の棒《バット》（長さ四尺〔一・二メートル〕ばかりにして先の方やや太く手にて持つところやや細きもの）、一尺〔〇・三メートル〕四方ばかりの荒布にて坐蒲団の如く拵へたる基《ベース》三個、本基《ホームベース》及び投者《ピッチャー》の位置に置くべき鉄板様の物一個づつ、攫者《キャッチャー》の後方に張りて球を遮るべき網（高さ一間半〔二・七メートル〕、幅二、三間〔三・六―五・四メートル〕くらゐ）、競技者十八人（九人宛敵味方に分るゝもの）、審判者《アムパイア》一人、幹事一人（勝負を記すもの）等なり。

○ベースボールの競技場　図によりて説明すべし。

（い）本基《ホームベース》

（ろ）第一基《ベース》（基を置く）

（は）第二基（基を置く）

（に）第三基（基を置く）

（一）攫者《キャッチャー》の位置（攫者の後方に網を張る）

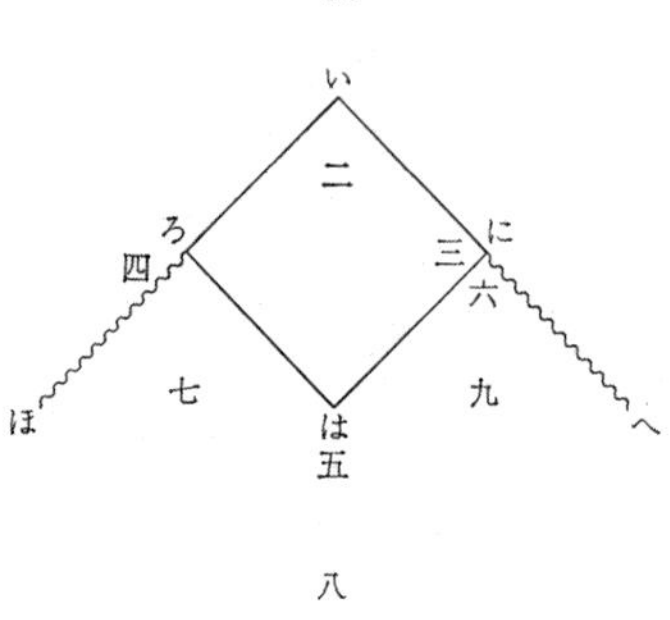

(二) 投者《ピッチャー》の位置
(三) 短遮《ショートストップ》の位置
(四) 第一基人《ベースマン》の位置
(五) 第二基人の位置
(六) 第三基人の位置
(七) 場 右《ライトフィールダー》の位置
(八) 場 中《セントラルフィールダー》の位置
(九) 場 左《レフトフィールダー》の位置

直線いほ及びいへ(実際には線無し、あるいは白灰にて引くことあり)は無限に延長せられたるものとし、直角ほいへの内は無限大の競技場たるべし。ただし実際は本基《ホームベース》にて打者《ストライカー》の打ちたる球の達するところすなはち限界となる。いろはには正方形にして十五間(二七・一メートル)四方なり。勝負は小勝負九度を重ねて完結する者にして小勝負一度とは甲組(九人の味方)が防御の地に立つことと乙組(すなはち甲組の敵)が防御の地に立つこととの二度の半勝負に分る、なり。

防禦の地に立つ時は九人おのおのその専務に従ひ一、二、三等の位置を取る。ただしこの位置は勝負中、多少動揺することあり。甲組競技場に立つ時は乙組は球を打つ者等一、二人（四人を越えず）のほかは尽《ことごと》く後方に控へ居《お》るなり。

○ベースボールの勝負　攻者（防禦者の敵）は一人づゝ本基《ホームベース》（い）より発して各基《ベース》（ろ、は、に）を通過し、再び本基《ホームベース》に帰るを務めとす。かくして帰りたる者を廻了《ホームイン》といふ。ベースボールの勝敗は九勝負終りたるのち、各組廻了《ホームイン》の数の総計を比較し、多き方を勝とするなり。例へば「八に対する二十三の勝」といふは乙組の廻了の数八、甲組廻了の数二十三にして、甲組の勝なりという意なり。されば競技者の任務を言へば攻者の地に立つ時はなるべく廻了《ホームイン》の数を多からしめんとし、防者の地に立つ時はなるべく敵の廻了の数を少からしめんとするにあり。廻了《ホームイン》といふは正方形を一周することなれども、その間には第一基《ベース》、第二基《ベース》、第三基《ベース》等の関門あり、各関門には番人（第一基は第一基人これを守る。第二、第三皆然《しか》り）あるを以て容易に通過すること能《あた》はざるなり。走者《ラナー》（通過しつゝある者）、ある事情のもとに通過の権利を失ふを除外《アウト》といふ。（普通に殺されるといふ。）審判官除外《アウト》と呼べば走者《ラナー》（または打者《ストライカー》）は直ちに線外に出《い》で、後方の控所に入らざるべからず。除外《アウト》三人に及べばその半勝負は終るなり。ゆゑに攻者は除外《アウト》三人に及ばざる内に多く廻了《ホームイン》せんとし、防者は廻了者を生ぜざる内に三人の除外者を生ぜしめんとす。除外三人に及べば、防者代りて攻者となり、攻者代りて防者となる。この如くして再び除外《アウト》三人を生ずればすなはち第一小勝負《インニング》終る。彼れ攻めこれ防ぎ、おのおの防ぐこと九度、攻むること九度に及びて全勝負《ゲーム》終る。

○ベースボールの球　ベースボールにはただ一個の球《ボール》あるのみ。そして球は常に防者の手にあり。この球こそ、この遊戯の中心となる者にして球の行くところすなはち遊戯の中心なり。球は常に動くゆゑに遊戯の中心も常に動く。されば防者九人の目は瞬も球を離るゝを許さず。打者走者も球を見ざるべからず。傍観者もまた球に注目せざれば終《つい》にその要領を得ざるべし。今尋常の場合を言はゞ、球は投者《ピッチャー》の手に在りてただ本基《ホームベース》に向つて投ず。本基の側には必らず打者《ストライカー》一人（攻者の一人）棒《バット》を持ちて立つ。投者の球、正当の位置に来れりと思惟する時は（すなはち球は本基の上を通過しかつ高さ肩より高からず膝より低くからざる時は）、打者必ずこれを撃たざるべからず。棒、球に触れて球は直角内に落ちたる時（これを正球《フェアボール》といふ）、打者は棒《バット》を捨て、第一基に向ひ一直線に走る。この時打者《ストライカー》は走者《ランナー》となる。打者が走者となれば他の打者は直ちに本基の側に立つ。然《しか》れども打者の打撃球に触れざる時は打者は依然として立ち、攫者《キャッチャー》は後（二）に在りてその球を止め、これを投者《ピッチャー》に投げ返す。投者《ピッチャー》は幾度となく本基《ホームベース》に向つて投ずべし。この如くして一人の打者は三打撃を試むべし。第三打撃の直球《ヂレクトボール》（投者の手を離れて未《いま》だ土に触れざる球をいふ）、棒《バット》と触れざる者、攫者《キャッチャー》よくこれを攫《かく》し得ば、打者は除外《アウト》となるべし。攫者これを攫し能はざれば、打者《ストライカー》は走者《ランナー》となるの権利あり。打者の打撃したる球空に飛ぶ時（遠近に関せず）、その球の地に触れざる前、これを攫する時は（何人にても可なり）、その打者は除外《アウト》となる。（未完）

（〔明治二十九年〕七月二十三日）

○ベースボールの球（承前）　場中に一人の走者《ランナー》を生ずる時は球《ボール》の任務は重大となる。もし走者《ランナー》同時に二人、三人を生ずる時は、さらに任務重大となる。蓋《けだ》し走者の多き時は遊技いよ〳〵複雑となるにかかはらず、球は終始ただ一個あるのみなればなり。今走者と球との関係を明かにせんに、走者はただ一人敵陣の中を通過せんとするが如き者、球は敵の弾丸の如き者なり。走者は正方形（前回の図を参照すべし）の四辺を一周せんとする者にして、一歩もこの線外に出づるを許さず。そうしてこの線上に於《おい》て一たび敵の球に触るれば立どころに討ち死（除外《アウト》）を遂ぐべし。《こゝに球に触るゝといふは防者の一人が手に球を持ちてその手を走者《ラナー》の身体の一部に触《ふ》るゝことにして決して球を敵に投げつくることにあらず。もし投げたる球が走者に中《あた》れば死球《デッドボール》といひて敵を殺さぬのみならずかへつて防者の損になるべし。》されば走者がこの危険の中に身を投じて唯一の塁壁と頼むべきは第一第二第三の基《ベース》なり。蓋し走者《ラナー》の身体の一部この基《ベース》（坐蒲団の如き者）に触れ居る間は敵の球たとひ身の上に触るゝも決して除外《アウト》とならず。（この場合に於《おい》て基《ベース》は鬼事《おにごと》のをかの如し。）ゆゑに走者はなるべく球の自己に遠かる時を見て疾走して線を通過すべし。例へば走者第一基に在り、これより第二基に到らんとするには投者《ピッチャー》が球を取て本基（の打者《ストライカー》）に向つて投ずるその瞬間を待ち合せ、球手を離るゝと見る時走り出すなり。この時攫者《キャッチャー》はその球を取るや否や直ちに第二基に向つて投ずべく、第二基人はその球を取りて走者に触れんと擬すべし。走者は怱卒《そうそつ》の際にも常に球の運動に注目し、かかる時直ちに進んで険を冒し第二基に入るか、退いて第一基に帰るかを決断し、これを実行せざるべからず。第二基より第三基に移る時もまた然《しか》り。第三基より本基《ホームベース》に回る時もまた然り。ただし第三基は第二基よりも攫者に近く、本基は第三基よりも攫者に近きを以て通過せんとするには次第に危険を増すべし。走者二人ある時は先に進みたる走者を先《ま》づ斃《たお》さんとすること防者が普通の手段なり。走者三人ある時はこれを満基《フルベース》といふ。（一基に走者一人以上留《とど》まることを許さず。ゆゑに走者は三人を以て最多数とす。）満基《フルベース》の時打者《ストライカー》が走者となれば今までの走者は是非とも一基づゝ進まざるべからず。これ最も危険なる最も愉快なる場合にして、この時の打者の一撃は実に勝負にも関すべく、打者もし好球を撃たば二人の廻了《ホームイン》を生ずることあり、もし悪球を撃たば三人尽く立尽《スタンヂング》(あるいは立往生といふ)に終ることさへあるなり。とにかく走者多き時は人は右に走り左に走り、球は前に飛び後に飛び、局面忽然《こつぜん》変化して観者をしてその要を得ざらしむることあり。球戯《ベースボール》を観る者は球を観るべし。

○ベースボールの防者　防禦の地に在る者、すなはち遊技場中に立つ者の役目を説明すべし。攫者《キャッチャー》は常に打者《ストライカー》の後に立ちて投者《ピッチャー》の投げたる球を受け止めるを務めとす。その最も力を尽《つく》すところは打者が第三撃にして撃ち得ざりし時、その直球《ヂレクトボール》を攫むと、走者の第二基に向つて走る時、球を第三基人に投ずると、走者の第二基人に投ずると、走者の第三基に向つて走る時、走者の本基に向つて来る時、本基に出てこれを喰《く》ひとめると等なりとす。投者《ピッチャー》は打者に向つて球を投ずるを常務となす。その正投《ピッチ》の方、外曲《アウトカーブ》、内曲《インカーブ》、墜落《ドロップ》等種々あり。蓋《けだ》し打者の眼を欺《あざむ》き悪球を打たしめんとするにあり。このほか、投者は常に走者に注目し走者基を離るゝこと遠き時はその基に向つて球を投ずること等あり。投者攫者二人は場中最枢要の地を占むる者にして、最も熟練を要する役目とす。短遮《ショートストプ》〔ショート〕は投者と第三基の中程に在り、打者の打ちたる球を遮り止め、直ちに第一基に向つて投ずるを務とす。この位置は打者の球の多く通過する道筋なるを以て特にこの役を置く者にして、短遮の任また重し。第一基は走者を除外《アウト》ならしむるにもつとも適せる地なり。短遮《ショートストプ》等より投げたる球を攫み得て第一基を踏むこと（もしくは身体の一部を触るゝこと）走者より早くば、走者は除外《アウト》となるなり。蓋し走者は本基より第一基に向って走る場合に於《おい》ては、単に進むべくして敢《あえ》て退くべからざる位置に在るを以て、球のその身に触るゝを待たずして除外《アウト》となることかくの如き者あり。第二基人、第三基人の役目は攫者等より投げたる球を攫み、走者の身に触れしめんとする者にして、この間に夾撃等面白き現象を生ずることあり。

場右《ライトフィールダー》、場中《セントラルフィールダー》、場左《レフトフィールダー》の如き皆打者の打ちたる飛球《フライボール》を攫み（この時打者は除外《アウト》となる）、またはその球を遮り止めて、第一基等に向ひこれを投ぐるを役目とす。然《しか》れども球戯は死物にあらず。防者に在りてはただ敵を除外ならしむるを唯一の目的とするを以て、これがためには各人皆臨機応変の処置を取るを肝要とす。防者は皆打者の球は常に自己の前に落ち来る者と覚悟せざるべからず。基人は常に自己に向って球を投げらるゝ者と覚悟せざるべからず。

○ベースボールの攻者　攻者は打者と走者の二種あるのみ。打者はなるべく強き球を打つを目的とすべし。球強ければ防者の前を通過するとも遮止せらるゝことなし。球の高く揚るは外観美なれども、攫まれやすし。走者は身軽にいでたち、敵の手の下をくゞりて基に達すること必要なり。危険なる場合には基に達する二間ばかり前より身を倒して辷《すべ》りこむこともあるべし。この他特別なる場合における規定は一々これを列挙せざるべし。蓋し一々これを列挙したりとも徒《いたずら》に混雑を加ふるのみなればなり。

○ベースボールの特色　競漕、競馬、競走の如きはその方法甚だ簡単にして勝敗は遅速の二に過ぎず。ゆゑに傍観者には興少し。球戯はその方法複雑にして変化多きを以て傍観者にも面白く感ぜらる。かつ所作の活潑にして生気あるはこの遊技の特色なり。傍観者をして覚えず喝采せしむること多し。ただしこの遊びは遊技者に取りても傍観者に取りても多少の危険を免れず。傍観者は攫者の左右または後方に在るを好しとす。

ベースボール未《いま》だ曽《かつ》て訳語あらず。今こゝに掲げたる訳語は吾の創意に係る。訳語妥当ならざるは自《みずか》らこれを知るといへども、匆卒の際改竄するに由《よし》なし。君子幸に正を賜へ。　升《のぼる》　附記

（明治二十九年）七月二十七日）

〔編者注〕右の『松蘿玉液』連載中の読者からの投稿をそのまま明治二十九年七月二十二日付「日本新聞」の第一面に左のごとく掲げた。詳しくは「編者解説」参照。

野球《ベースボール》の来歴

好球生投

廿日の日本新聞にベースボールの本邦に伝はりしを明治十四、五年の頃とし、平岡技師が米国より帰りて鉄道局に始めてこれを試みたりとありしが、左《さ》にあらず。そもそもベースボールの初《はじ》まりは明治五年の頃なりし。今の高等商業学校の所に南校《なんこう》といふ学校あり。明治五年頃は第一大学区第一番中学と名付けて唯一の洋学校なりしが、英語歴史などを教ふるウイルソンと云へる米国人あり。この人常に球戯を好み、体操場に出てはバットを持て球を打ち、余輩にこれを取らせて無上の楽とせしが、漸《ようや》くこの仲間に入る学生も増加し、明治六年、第一番中学の開成学校と改称し、今の錦町三丁目に宏壮の校舎建築成り、開業式には行幸などもあり、運動場も天覧ありしくらゐに広々と出来たりしことゆゑ、以前に変りて体操の方法も拡張し来り兵式器械体操なども始まり、彼のウイルソンは米国の南北戦争に出でたる人とて兵式器械体操なども中々によくやりたり。各学生も氏に就《つい》て大分学びたり。この頃より何時《いつ》となく余輩の球戯も上達し、打球は中空を掠《かす》めて運動場の辺隔より構外へ出るほどの勢を示せしが、終《つい》には本式にベースを置き、組を分ちて野球の技を初むるに至れり。されど初めのことゝてその業に見るべきほどのこともなかりしが、明治七、八年に至りては非常に発達し、終《つい》にある人の照会によりて横浜の米国人と試合をなしたることもたびたびなりし。八年、九年の頃は校内毎土曜日には球技盛んに流行し、見物人も山をなして外人と戦ふ時などは非常の人気なりし。この頃、高等学校と米国人の試合ありたるを見て懐旧の情に堪へず。試《こころみ》にわが記憶に残る創業時代の選手を挙れば、ピッチャー本山正久(拓殖務書記官)、久米某、キヤッチヤー石藤豊太(陸軍技師)、福島廉平、ファーストベース田上省三(長崎裁判所判事)、高須碌郎(第一高等学校教授)、セカンドベース青木大二郎(土木監督署技師)、青山元(牧馬監督官)、サードベース秋山源蔵(横浜地方裁判所長)、馬場信偏(中央気象台技手)、ショートストップ、レフト、ライトフィールドその他は一々よく覚えざれど、小藤博士、中澤博士、平賀博士、千頭清臣(高等学校教授)、谷田部梅吉、五代龍作(一八五七—一九三八、実業家)、大久保利和(一八五九—一九四五、実業家)、牧野伸顕(一八六一—一九四九、政治家)、喜多村彌太郎、その他知名の学士数名なりし。これより東京大学より予備門に第一高等中学と漸《ぜん》次《じ》伝へ〳〵て今日に至れるなり。ゆゑにベースボールの誕生地は一ツ橋外の旧高等中学校のありし所なれば、野球は〔明治〕十四、五年の頃、鉄道局に於て初めたるものにあらず。別に要なきことなれど一言申《もうし》送りぬ。

升曰く、わが輩のおぼろげなる伝聞を以てベースボールの来歴を掲げしに、好球生この寄あり以てその誤を正す。わが輩の詳《つまびらか》にその来歴を知るを得たるは実に好球生の賜《たまもの》なり。依てその全文を掲げて正誤に代ふと云爾《しかいう》。

〔「日本」明治二十九年七月二十二日〕

四　ベースボールに耽る——随筆『筆まかせ』より

○愉　快

十二月廿五日のことなりけん。学校〔第一高等中学校〕の試験もめでたく終へければ、この日を期して朝八時より美土代町《みとしろちょう》〔現在の東京都千代田区神田美土代町〕自由亭に於《おい》て一々会という同級生の演説会を開たり。学校の課業の気にかゝらぬ時なれば、人々皆うれしがりて会する者も三十人余ありたり。さて正午に学校の寄宿舎に帰れば、はやベース、ボール大会の用意最中なり。余もいつになく勇みたちて身軽のこしらへにて戦場へくり出すに、いとも晴れわたりたるあたゝかき日なりければ、駒の足もイヤ人の足も進みがちなり。この日余ハ白軍の catcher をつとめ、菊池仙湖〔謙二郎。一八六七―一九四五。のち教育者、水戸学研究者〕は pitcher の役なりしが、余の方は終《つい》にまけとなれり。それにもかかはらず仙湖と余とは perfect をやりしかば、うれしさも一方ならず。夕刻にこゝを引き揚げ、これよりめざすところハ連雀町《れんじゃくちょう》の今金〔鳥屋〕なり。

進めや進めと同級の寄宿生一同こゝに集ひたり。この日の趣向はまづはじめに福引というふ約束なりしかば、各々十銭ばかりの品を買ひとゝのへ、これを紙にて封じ、上に標題をかき鬮《くじび》引きにするはずなり。世話人は硯蓋様のものにうづ高く積みあげしを持ちいで、鬮を引き、はじめより順々に封を開きければ、標題を見て予想せしものとは打てかはりし品物のみなれば、皆々笑《え》壺《つぼ》に入りにける。中にもつとも面白かりしは池田氏の趣向にて「伊藤大臣の夜会」とありしを開き見れば判紙《ママ》一帖〔二十枚〕とゴム球《まり》一ケなり。これは「ファンシー、ボール」〔仮装舞踏会〕といふ洒落《しゃれ》と聞えぬ。また遠藤氏の表題は「幽霊」とありしかば人皆その判断に迷ひしが、開けば黒インキ壺二個出でたり。これは陰気といふしやれにていとめでたし。またもつとも体裁のよかりしは廹田氏の「福引」といふ表題にて鳬《かも》一羽と米とを箱に入れしものなりき。余にあたりたるは菊池氏の出し物にて「西施《せいし》と嫫母《ぼぼ》」とあり。女人形と蛙〔土器〕とを入れしものなりき。鬮すめば皆順を追ふてその謝礼をのぶることにせしかば、面白くしやれるもあり、いきづまつてこまるもあり。しばしは座上は笑声の中にこめられたり。中に就《つい》て諸人をして抱腹せしめしは木村氏にて、同氏ハ平生の如く四角四面に怒りたる仏頂面をして立ていへらく「諸君、この絵を見たまへ。僕はこれをもらひました。これは大黒様が算盤を扣《ひか》えとる画で、実に目出たい画です。これが私にあたつたのは私が後来金満家になるしるしでありましよう〔笑満堂〕。諸君は金がなくつて困つてゐらるが、私が金持ちになつたら幾何《ラ》でも借りに来たまへ」といはれしは、氏が平生の穴のあいた洋服、かゞとのなき靴を穿《うが》たれしに引きくらべていと面白く、座上は暫らくなりもやまず。それから酒が始るやら芸まはしが始まる。放吟するあり、立て跳るあり、十分の歓を尽して帰れり。実に朝から夜半までの愉快のしつゞけゆゑ、こんな面白き日はまたとあるまいと思へり。

〔明治二十年〕

○ Base-Ball

運動となるべき遊技は日本に少し。鬼事《おにごと》、隠れッこ、目隠し、相撲、撃剣くらゐなり。西洋にはその種類多く枚挙する訳にはゆかねども、競馬、競走、競漕などはもつとも普通にてもつとも評判よき者なれども、ただ早いとか遅いとかいふ瞬間の楽みなれば面白きはずなし。殊《こと》に見知らぬ人のすることなれば、なほさら以て興なし。競馬は貴顕の行ふ者ゆゑ繁昌し、競走は道具がなくてもまた誰にでも出来る者ゆゑ、学校の運動と来てはこれが大部をしむるなり。競漕は川の中といひ、軍楽をはやしたて旗旒《きりゅう》〔はたとふきながし〕をへんぽんと翻し漕手の衣服を色どりなどするゆゑ、派手なれども愉快の味少し。その他、長飛〔走り幅跳び〕、高飛〔走り高跳び〕はなほさらつまらず。棚飛まだ竿飛〔棒高跳び〕は少しは面白けれども、これも高いとか低いとかいふのみ。柵飛〔ハードル〕すなはち障碍物も一場の慰みに過ぎず、戴嚢、嚢脚、二人三脚、旗拾ひ、玉子拾ひ、などは小供だましといつつべし。そのほか無数の遊びあれども特別に注意を引くほどのものなし。たゞローン、テニス〔ローンテニス〕。いわゆる庭球〕に至りては勝負も長く少し興味あれどもいまだ幼稚《ようち》たるを免れず。婦女子には適当なれども壮活潑の男児をして愉快と呼ばしむるに足らず。愉快とよばしむる者たゞ一ッあり。ベース、ボールなり。およそ遊戯といへども趣向《プリンシプル》簡単なれば、それだけ興味薄く、さりとて囲碁、将棋の如きは精神を過度に費し、且《か》ツ運動にならねば遊技とはいひがたし。運動にもなり、しかも趣向の複雑したるはベース、ボールなり。人数よりいふてもベース、ボールは十八人を要し、したがつて戦争の烈しきことローン、テニスの比にあらず。二町〔二一八メートル〕四方の間は弾丸は縦横無尽に飛びめぐり、攻め手はこれにつれて戦場を馳せまはり、防ぎ手は弾丸を受けて投げ返し、おつかけなどし、あるは要害をくひとめて敵を擒《とりこ》にし、弾丸を受けて敵を殺し、あるは不意を討ち、あるは夾み撃《うち》し、あるは戦場までこぬうちにやみ討ちにあふも少なからず。実際の戦争は危険多くして損失 夥《おびただ》し。ベース、ボールほど愉快にてみちたる戦争は他になかるべし。ベース、ボールは総て九の数にて組み立てたるものにて、人数も九人宛に分ち、勝負も九度とし、pitcher の投げるボールも九度を限りとす。これを支那《ママ》風に解釈すれば九は陽数の極にてこれほど陽気なものはあらざるべし。九五《きゅうご》〔天子の位〕といひ九重〔内裏〕といひ皆九の字を用ゆるを見れば誠に目出度《めでたき》数なるらん。〔明治二十一年〕

○愛　友

余が愛友、細井岩彌氏は、志摩国鳥羽の藩士なり。家は華冑《かちゅう》〔名門〕といふほどかどうか知らねど、とにかく、その祖先が蕪畑にその主の危難を救ひ、敵を殺せし功により重く用ゐられ、その記念として蕪をその家の定紋とせよとの仰《おおせ》ありし由《よし》なり。されどその家、代々狂人となるの遺伝ありて、世人は祖先の殺せし人の祟りといふとかや。氏の父もまた狂して終《つい》に死し、それさへ哀《あわ》れなるに、氏の母も(もとより他家より来りし人なり)また狂して今にいえ〔癒〕ずとか聞きぬ。氏には一人の弟あるのみ。他に眷族《けんぞく》なし。氏ハ幼より学問の志厚く、青年に及ぶ頃、東京に来り駒場農学校に入りしが、ゆゑありて同級生一同退校したりければ、忽《たちま》ち身を処《しょ》すべきの方なし。(家もとより資産なし)。如何《いかが》はせんと思ふ折から、体操伝習所の生徒募集ありければ、喜んで同所に入り、卒業の後も同所の教師となり、多少の俸給を得て閑を偸《ぬす》み学に志すこと怠らず。敢《あえ》て小成に安んずるの気なし。元来氏の性質は温厚恭謙、人を愛すること己れの如く、物に接して情深し。若《も》シ余などがかく〳〵の難義《ママ》ありなどゝ話せば、氏は共に眉を顰《ひそ》め相談相手となること、己れの難義におけるが如き者あり。実に欺《あざむ》くべく陥るべからざるの君子なり。かくの如き神経質なれば小説を好むこと飲食よりも甚しく、悲惨の場所に逢へば泣き、諧謔《かいぎゃく》の所を読めば笑ふ、曽《かつ》て下宿屋楼上にあり、ヂッケンスのピクイック、ペーパー〔ディケンズの長編小説『ピクウィック・ペーパーズ』〕を読む。覚えず喧然《かんぜん》として〔声を出して〕大笑す。宿の小女恠《あや》しみて楼上に来り、そのゆゑを問ふ。氏これを聞きてまた笑ふといふ。かくの如《ごと》き人ゆゑ、身体も余り健康ならず。体操の如きは大の嫌ひなりといへども、生計のためにはこれを怠ることなく、少しでも閑暇あれば小説を読む。余等のベース、ボールなどに耽《ふけ》ると聞きて常に冷笑しゐたり。〔君が冷笑することたゞ二事あり。一ハ運動遊技に耽ること、一ハ法律政治などの俗学問に志すこと〕。その後君は大学予備門に入りしが、余等に長ずること三、四歳、しかも余等の少年と交つて恥づる所なく、一見してそのhumorous man〔人間味ある男〕たるを知る。常に生計のために時間を奪はるといへども、学課を怠ることなく、同級中第一位をしむること屢《しばしば》なりき。そして君の労働ハ己れの一身を支ふるためのみにあらず。慈母と小弟と共に君が負担の一部分なり。学校より三時頃に帰り、それより生計のために奔走し、夜ふけて帰る。君には実に一寸の閑暇もなきなり。少しも愉快のために費す時間はなきなり。若シ他人をして君の位地に立たしめば、初めより学に志さざるなり。よし学に志ざすとするも、体操伝習所を卒業せし時に安《やすん》ずべきなり。君の如きは百折不撓《ひゃくせつふとう》、千磨不屈、実に大丈夫といひつべし。余予科〔東京大学予備門〕にある時、君と組を同ふす。時に寸暇を得れば相共に手を携へて東台《とうたい》〔上野の山〕の林間を徜徉《しょうよう》す。あるひは broken English を話して以て愉快となす。今余、東台山下に寓す。日々公園を渉《わた》る。この頃紅葉已《すで》に霜にそみて摺鉢山高く夕照に映ず。こゝに行く毎に君と共に散歩せしの時を思ふ。そして君と懇話せざる者、已に一年余。眷恋《けんれん》に堪へず。いづれの日か相共にまたこの夕陽紅葉を賞せん。

〔明治二十二年〕

○雅号

雅号とハ支那伝来の名称にして、自ら称する者あり、先生より名をもらふ者あり、またはは全く無きもあり。一人にして十余号を有するもあり。その多きものは日本にて瀧澤解、太田覃、平賀源内の三人とす。瀧澤氏ハその種類によりて色々の雅号を用ひしとか。その号はすなはチ、

曲亭　馬琴　蓑笠　鸓斎《らいさい》　信天翁　篁民　著作堂　乾坤一草亭主

人　大栄山人

の類なり。太田氏は、

南畝　寝惚山人《ねぼけさんじん》　杏花園　石楠園　蜀山人　遠桜山人　四方赤良《よものあから》

等なり。平賀氏ハ時と処により一々異名を用ゆるゆゑ、いくつとも定めがたし。その重なる者は、

風来散人　天竺浪人《てんじくろうにん》　福内鬼外《ふくちきがい》　下界隠士　悟道軒　讃岐の行脚無一坊　鳩渓　紙鳶堂《しえんどう》

等の*1雅名なり。我郷里の旧家には、一株の桜樹ありて庭中を蔽《おお》ふゆゑ、余は十余歳の時「老桜」と名づけたり。のち山内伝蔵翁余に「中水」といふ名を給ふ。中水は中ノ川の意にて余が家、中の川に瀕《ひん》する〔近くに臨む〕によりてなり。この名は自分の気に入らざりしゆゑ使用せしこと少し。明治十四、五年の頃、大原大叔〔大原恒徳《つねのり》、母八重の弟〕、余の書斎の額にとて五友先生〔武智五友、漢学者〕の揮毫をこひしに、先生「香雲」の二字を書き給へりしかば、それより「老桜」「中水」の二号をすてゝ「香雲」といふ号となせり。ゆゑに今日にても時として余を呼ぶに香雲の名を以てする者あり。

香雲は蓋《けだ》し桜花の形容なり。この頃余は雅号をつけることを好みて自ら沢山撰みし中に「走兎」「風簾」「漱石」[*2]などのあるだけ記臆しゐれど、その他は忘れたり。走兎とは余卯の歳の生れゆゑ、それにちなみてつけ、漱石とは高慢なるよりつけたるものか。また字をつけんとてはじめは「士清」とせしが、後に多くの雅号を生ずるに至りてこの字は全くすてたり。然《しか》るに詩友などはやはり支那風に文章にては人の字を呼ぶゆゑ、士清と書く者あり。自らいやに思ひしゆゑ、いつそ字を「子升」とせんかと考へゐたり。「升《のぼる》」は余の俗称なり。然るに去歳春咯血《かっけつ》せしより「子規」と号するゆゑ、自然と字にも通ひて、その後は友人も子規と書するに至れり。今日余の用ゆる号ハ左の如し（上段は普通に用ゆるもの、下段は稀に用ゆるものなり）。

常規凡《ボン》夫	真《ま》棹《さおか》家
丈鬼《じょうき》	嫦嫢《じょうき》
子規（音にても読みまた訓にても使ふ）	冷笑居士
獺祭魚《だっさいぎょ》夫	放浪子
秋風落日舎主人	痴夢情史

野暮流
盗花
沐猴冠《もっこうか》者《じゃ》
莞爾生
蕪翠
迂歌連《うかれ》達摩《だるま》
馬骨生
色身情仏
虚無僧
蕉尾《しょび》道人《どうじん》
四国仙人
披襟生《ひきんせい》
浮世夢之助
有耶無耶漫士
情鬼凡夫
野球《のぼる》
都子規

なほこのほかに種々の雅名ありしが、少し使用せしもあり、また全く書きしことなきもあり。そのおもなるは「饕餮居《とうてつこ》士《じ》」「僚凡狂士」「青考亭丈其」「裏棚舎夕顔」「薄紫」「蒲柳病夫《ほりゅうびょうふ》」「病鶴瘦士」「癯鶴病夫《くかくびょうふ》」「無縁痴仏」「情魔痴仏」「舎蚊無二仏」「痴肉団子」「仙台萩之亟〔丞か〕」「無何有洲主人《むこうじましゅじん》」「八釜四九」「面読斎」など数へ尽すべからず。また一ッ橋外の中学寄宿舎にありしころは通例に「一橋外史」といふ名を用ひ、「猿楽町《さるがくちょう》」に住せし頃は「猿楽坊主」など書きたることもありにき。この異名の中「馬骨生」のみは神谷氏がつけてくれたるなり。蓋し余の頰骨高く出でて馬の如しといふわけなるよし。その後、藤栖舎主人〔大谷是空〕より馬の骨一個を得て重宝とせしが、山崎種美氏の懇望によりてこれを与へたり。「馬骨生」の号もともに譲りくれんやといひしゆゑ、ともかくもといひおきしが、果して用ゐるや否や。

＊1〔上欄自注〕　芭蕉の別号は
風羅坊。宗房。伯船堂。桃青。無名庵。杖銭子。蓑虫庵。是仏坊。
瓢中庵。
嵐雪の別号は
治助。黄落庵。寒蓼堂。雪中庵。不白軒。玄峰堂。

＊2〔上欄自注〕　漱石は今友人〔夏目金之助〕の仮名と変セリ。

〔明治二十三年〕

○常磐《ママ》会寄宿舎の遊戯

常磐《ママ》会寄宿舎は一昨年頃以来、鉄棒、高飛、棹飛などの遊戯盛にして、余等勝田《しょうだ》〔主計《かずえ》。のち大蔵官僚、政治家〕氏等と時々「ボール」を以て遊びしかども、常にほかの遊戯のために制せられたり。然《しか》るに昨年夏、竹村〔鍛《きとう》。河東碧梧桐《かわひがしへきごとう》の兄〕氏もまた寄宿せしかば、こゝに「ボール」に一人を加へしが、「ボール」は追々に盛大になるの傾きあり。一人引きこみ、二人引きこみ、終《つい》ニ昨年節季に至ては二十人ほどの仲間を生ずるに至りしかば、一の「ボール」会を設立し、上野公園博物館横の空地ニ於《おい》て二度ばかりベース、ボールを行ひしことありたりき。また室内遊戯は一昨年已来《いらい》「トラムプ」頻《しき》りに流行せしが、昨年夏頃より全く衰運に帰せり。　〔明治二十三年〕

○ベース、ボール勝負附

三月廿一日午後、上野公園博物館横空地ニ於《おい》て興行せし球戯の番附〔編者注〕ハ、

白

勝田	C	○……○……1st……1st
佃	P	○……1st……○
渡部	S	1st……×……Fo
吉田	1st	S……×……○
土居	2^{d}	1st……×……S
河東	3rd	……1st……S……×
伊藤	R	……*l*……×……1st
山崎	Ce.	……1st……1st……×
山内	L	……×……× ……S
横山		……○……○……×

赤

正岡	C.	○……○……S……○…Fo……Fo
竹村	P.	○……○……Fo……○…○……Fo
寒川	S.	S……○……○…○…○……1st
小崎	1st	Fo……S ……○…○…○……○
高市	2^{d}	×……×……× …× …S……1st
五百木	3rd	…×……1st……S…S…S
大原	R	……1st……×……Fo…Fo…×
山田	Ce.	……○……○……○…○…○
新海	L	……×……×……○…○…S

この日ハ朝より小雨のふりいでたるに、一時ハ皆延引せんといひたれども、佃《つくだ》氏（佃一《かず》予《まさ》。のち満鉄理事）の主張によりまたまた気を取り直して身軽に支度をとゝのへ、午飯後、上野公園に向ひける。今年ハ例年よりも暖気強きにや、彼岸桜ハ大方に咲きそろひ

し頃なれば、雨にもかゝはらず公園ハ群衆の山をきづきたり。ボールを始めしや否や、往来の書生、職人、官吏、婦人など皆立ちどまりて立錐《りっすい》の地なし。然《しか》るに第五番頃の勝負に至りて雨勢の少し増しけるにぞ、群衆は一人へり二人へり、終《つい》にあとかたもなくなりにけり。しかし勝負全く終へて帰途に就く頃ハ雨も全く晴れにき。この日の遊びハ常盤会寄宿舎のベースボール会の第四の大会なるが、今年一月の頃施行せし時にくらぶれば皆非常の上達を現したり。

〔明治二十三年〕

〔編者注〕　この番付について、城井睦夫著『正岡子規　ベースボールに賭けたその生涯』(平成八年、紅書房刊)において、左のごとく説明されていて、注目すべきである。

……「筆まかせ・第三のまき」に記されているこのスコア表は、現在記録として残っている最も古い貴重なものであると考えられる。

『一高野球部史』及び『野球』の記述にもとづき、スコア表の記号を説明すると、

○は　ホームインによる得点。

×は　三振かフライをとられてのアウト。

1st は　内野ゴロなど打った打者のファーストでのアウト。
S は　Standing の頭文字で走者の残塁。
l は　Line out の略で走者が塁間にはさまれてのアウト。
Fo は　Foul Bound out の略でファウルを打ってのアウト。
をそれぞれあらわしており、試合は22対7で赤組の勝ちであった。

○老人の仲間入り

三月廿一日は上野にてベースボールを行はんと思ひゐたれば、前日夕暮、黴毒《ばいどく》病院空地においてストライキ〔投球練習〕をはじめ、余は数十分の間ピッチャアをつとめけるにや、帰舎後、肩のつかへ甚だしかりければ、鉄山、ぬかり二氏かたみがわりに肩をもみ、首をたゝき給はりたり。その快きことといはんかたなく、眠り入りたき心地せり。余が生れて已来、肩をたゝくの快味を覚えたるはこれをはじめとす。〔明治二十三年〕

○舎生弄球《ろうきゅう》番附および評判記

勝田氏〔勝田主計〕ハ二、三年前より少々ボールをやられしが、この頃に至りて大ニ上達せられたり。その手軽くやらるゝところ、いかにも感心なり。竹村氏〔竹村鍛〕も一両年前より青山〔青山英和学校〕にて修行せられしほどありて、青山流で中々うまくやられたり。しかし御両人ともボールを受けらるゝ割合には、打つ方が一段劣る様に覚ゆ。吉田氏〔吉田匡《ただし》〕も青山修行なるが、この頃に至りて俄《にわか》に上達せられ、受けかたには苦情をいはぬほどなれど、少し手重きに過ぎて動作《モーション》遅きゆゑ、まづ第一ベース専門の御方なるべし。佃氏〔佃一予〕ハさすが元老ほどありて、投球には妙を得られたり。されど受け方は少し不十分なり。蓋《けだ》し手を引き給はず、かへつて前につき出し給ふゆゑなり。また氏のくせは受ける時に右の足を水平にあげられ、体を傾け、手をねぢらるゝことなり。寒川氏〔寒川正二〕ハ初めより嶄然《ざんぜん》頭角を現はしゝが、よほど御腕前立派になり、打つことはよく打たるゝ様なれども、受けかた余り手軽きために、落しかたまた造作なし。丹精ありたし。白石氏〔白石久貫〕もはじめよりうまかりしが、この

明治廿三年三月常盤ベースボール番附私見

東之方		西之方	
大関	勝田主計	大関	竹村鍛
関脇	吉田匡	関脇	佃一予
小結	寒川正一	小結	白石久貫
前頭	久松定靖	前頭	渡部正綱
前頭	河東銓	前頭	土居菊次郎
東之方		西之方	
前頭	五百木良三	前頭	山内正
同	戒田秀澄	同	山崎種美
同	伊藤泰	同	横山正脩
同	高市直養	同	大原米太郎
同	相原栄三郎	同	新海正行

頃ハ全くスタイルと、のひ御手際《おてぎわ》見事なり。最《も》少し打つことに熟し給はゞますますよろし。久松ぎみ〔久松定靖〕は御手つきいとなまめきて、物なれたる風情なり。御上達遠きにあらざるべし。渡部氏〔渡部正綱〕ハ手つきの奇妙なる割合に、よほどうまく受けらる、は感心なり。氏が取り方の迅速なるはその特性といふべし。河東《かわひがし》氏〔河東銓《せん》〕ハ可もなく不可もなし。しかし御舎兄〔竹村鍛〕と共に動作《モーション》ののろきは遺伝にもやあるらん。土居氏〔土居菊次郎〕ハ新まいのくせに実にうまし。御勉強のほどこそあらまほしけれ。五百木《いおき》氏〔五百木良三《りょうぞう》〕は初めよ

り平気にやられるだけに、中々よくせらる。山内氏〔山内正〕の平行線ハ有名なるが、一たび球を受けるに、手の上にて五度も六度もハヲン《ママ》ド〔バウンド、ジャッグル〕するは妙といふべし。戒田氏〔戒田秀澄〕ハ下地あるゆゑ、諸氏よりは秀《ひい》でられしが、この頃ハ競漕に熱心せらるゝために芸をおとされたり。山崎氏〔山崎種美〕は余り上手にもあらねど、巧者なる所もあり。もと敏捷なるたちなれば行末たのもし。少し精を出されよ。横山氏〔横山正脩〕先日はじめられし手際には似ず、妙手々々。伊藤氏〔伊藤泰〕の梅春的手つきはバオンドを取られるに妙を得られたり。高市氏〔高市直養〕の熱心ハ実ニ感賞のほかなし。熱心のために御上達のほど見えたり。ますます励まれよ。大原氏〔大原米太郎〕も受けることは可なりにやつてのけらるゝが如し。相原氏〔相原栄三郎〕も熱心のために昇進されたり。投げることを最少し改良せられなば、一段の見ばえあるべし。新海《にいのみ》氏〔新海正行《まさゆき》〕ハ不熱心なると、ボールを恐れらるゝとにて上達し給はず。しかし時々はこの遊びにも手を出し給はゞ上達せぬことやある。このほかに梅本氏〔梅本弥太郎〕あり。これも横山氏と同じく新まいなるが、落ちつきてゐらるゝだけに受けることは妙なり。

〔明治二十三年〕

○時事

今年ハ三月末より天気ひどく、気候いたく不順なりしが、五月に至りて終《つい》にインフルエンザの流行を見るに至り、我第一高等中学校も五月十九日より一週間の休業となりたり。余も同日頃より多少の熱ありて勉強する能《あた》はず。廿二日午後より麻布藤野に至り一宿し、翌朝、芝公園ニ行き、愛宕塔《あたごとう》に上り、久しぶりにておふじさんを拝みたり。それより増上寺《ぞうじょうじ》のお開帳に行き、黒本尊に初対面の挨拶をなし、宝物を見て経蔵へもはいりて見たり。それから始めて東京勧工場《かんこうば》（商品を陳列販売した市場。百貨店のはしり）に行き（芝に移りて後始めてなり）、一見してまた麻布に行き、すしと吸物を食ふて帰る。

○四月はじめより二十日間ばかり下痢やまず。

○五月はじめ向嶋《むこうじま》吾妻家に開きたる共立学校同窓会にのぞみ、豚追ひ、その他陸上競技運動を見て後、豚肉を下物《くだされもの》として酒をくらひ、帰途旧佐竹邸の庭園を見る。また浅草観音寺内にまわりて久米の平内〔浅草寺境内の縁結びの神〕とちかづきとなる。

○十八日、学校と明治学院とのベース、ボール、マッチありと聞きて往きて観る。第四インニングの終りに学校は已《すで》ニ十〔点〕余ほどまけたり。そのまけかた見苦しき至りなり。折柄、明治学院の教師、インブリー氏、学校の垣をこえて入り来りしかば、校生大に怒り、これを打擲《ちょうちゃく》し、負傷せしめたり。明治学院のチャンピオンにも負傷ありければ、マッチは中止となりたり。

○五月廿四日、明日は隅田川吾妻家に常盤会寄宿舎のベース、ボール会を開かんとて、ベース四個、バット一本を買ひ来る。バットは即日に折りたり。また新しきものを購ひに行くなど混雑一方《ひとかた》ならず。

○余ハ四月已降《いこう》、筆取ることがいやになりて、一字一句を書きしことなし。手紙さへも返事さへも出さず。学校に新規出来て、授業日数の半数已上《いじょう》の日数を欠席したる者、またハ授業日数の五分の一已上の度数を欠席したるものは落第とのことゆゑ、それに恐れまひこんで、この頃は成るたけ登校する様になりたり。官立学校に養成せられるとこんなにも卑屈になる者かや。

〔明治二十三年〕

常盤豪傑譚　明治廿四年十一月上旬旅行中熊谷小松屋ニテ書初ム。

○正岡升ベースボールに耽る

正岡升《まさおかのぼる》ベース、ボールに耽《ふけ》る。曽《かつ》て学生相会して杯酒を傾く。酒巡る事数行、坐上稍《やや》狂す。升某《なにがし》にいつて曰く、我こゝに在て杯を投ぜん、汝若《も》シ取り得ずんば罰杯を課せんと。杯を飛ばすこと球の如くす。それて床間の玻璃球《ハイヨケダマ》に中《あた》る。大杯微塵、粉として雪の如し。

〔明治二十四年〕

五　地獄に行ってもベースボール

――小説「啼血始末」「山吹の一枝」より

啼血始末序

一日余書ヲ開イテ見ル。忽《たちま》チドヤ〳〵ノ声アリ。首ヲ回ラセバ則チ一群ノ鬼ナリ。余ニ一封ノ書ヲ渡ス。之《これ》ヲ披《ひら》ケバ閻魔《えんま》大王《だいおう》ヨリノ召喚状ナリ。余惘然《もうぜん》為《な》ス所ヲ知ラズ。鬼来テ余ガ手ヲ引キ、余ガ足ヲ曳ク。余引カル、マ、ニ随ヒ行ク。一鬼余ニ戯レテ曰ク、汝《なんじ》名ツクルニ丈鬼《じょうき》ノ字ヲ以テス、我党ニ入ル亦《また》近キニアルベシト。余一驚シテ腰ヲ抜カス。終《つい》ニ鬼ニ引キ立テラレテ閻魔ノ法廷ニ入ル。大鬼、小鬼廷中ニ満チ〳〵タリ。是《ここ》ニ於《お》イテ閻魔等各々机ニ就《つ》ク。訊問ヲ受クルコト数時、一鬼余ヲ提ゲテ一小門ノ外ニ出《い》ダス。門外黒暗ニシテ咫尺《しせき》ヲ弁ゼズ。忽チ一道ノ微光ヲ見ル。慕フテ其処《そのところ》ニ至レバ地蔵尊ナリ。地獄デ仏トハ此《この》事ナラントテ懇《ねん》ロ《ご》ニ道ヲ問フ。地蔵錫杖《しゃくじょう》ヲ以《もっ》テ一直線ニ此《この》方向ニ行ケト教フ。歩ムコト数町、忽チ杜鵑《とけん》ノ声アリ。佇立《ちょりつ》シテ聞ク。泣クコト八千七声〔ホトトギスがしきりに鳴く声。実際には八千八声とされている〕、今一声ヲ聞カントテ覚エズ足ヲ側方ニ進ム。乍《たちま》チゴロ〳〵然《ぜん》トシテ千仞《ひろ》ノ壑底《がくてい》〔谷底〕ニ落ツ。喀血《かっけつ》スルコト夥《おびただ》シト見テ夢覚ム。寐汗衣ヲ浸ス。乃《すなわ》チ訊問ノ次第ヲ記シテ啼血始末ト云フ。伏シテ宣告ノ日ヲ俟《ま》ツ。

明治二十二年九月上旬

子規生識

啼血始末

判　事　閻魔大王
立会検事　牛頭赤鬼《ごずせきき》
同　馬頭青鬼《めずせいき》

判事閻魔大王「今日よりその方被告の病気に付取り調べをするから、本官および検察官の問に応じて逐一《ちくいち》に答へよ。もつともその方は読書したこともあり、かつ哲学などと生意気にひねくる者と聞きしゆゑ、人を欺《あざむ》く様なこともあるまいが、念のため言ひきかすからその心得で居《お》るがよからう。

被告子規生「承知致しました。

判事「その方の姓名は。

被告「以前は蒲柳病夫《ほりゆうびようふ》と申したこともありましたが、今日ではそれは用ゐず、専ら子規生といふ名を用ゐます。また字《あざな》の様に子規と書くこともあります。またある友だち〔大谷是空〕が都子規《ツネノリ》とつけてくれました。

検事赤鬼「被告は丈鬼《じょうき》といふ名もあるよし聞きしが、これは本官の名と似てゐるが何か関係のあることか。

被告「これは鬼貫《おにつら》から取りましたものでございます。御疑のすぢなれば鬼貫へ御尋ねを願ひます。

判事「その方の住所は。

被告「自分は娑婆の中で四国といふ所の生れでありますが、この六年ほどは東京といふ所に参つてゐました。

判事「年齢は。

被告「明治の年数と同じくらゐにゆきますゆゑ、今年は上から読んでも下から読んでも同じ数であります。

判事「念のため問ふがその方が生れた時の干支《えと》は如何《いかが》。

被告「丁の卯《ひのとう》でございます。

判事「その方の職業は。

被告「書生といふて、喰ふたり寐たり、我儘横著《おうちゃく》をいふ者でございます。

判事「その方の父は何病で死んだか。

被告「これは幼少の時で十分に知りませぬが、父は酒がすきであつたから酒と討死したであらうと思ひます。大方脂肪変化などかと存じます。

判事「そのほか身近い者にて肺病を病んでゐる者があるか。

被告「ありません。

判事「その方生れてより十四、五歳までの身体の有様《ありよう》を申せ。

被告「自分は生れてから弱かつたと想像します。昔から顔色は宜しくないと見えまして、小さい内から友だちが青瓢箪《あおびょうたん》といふ諢名《あだな》をつけてゐました。またよく泣きましたから泣き虫ともいひました。胃は昔からわるいものか、覚えてからこのかた早朝におきると胸がわるくて胃液などを吐くことは度々《たびたび》でありました。

検事青鬼「その時分には散歩、運動はしてゐたか。

被告「運動はまづきらひの方でした。学校の時間ごとの休みには鬼事《おにごと》をやつて居《お》りましたが、内へ帰つてからは表へは余り出ません。これは一つには怠惰なると、二つにはよく泣かされるからであります。さてこの鬼事と申《もうし》ますは恐れながら、あなた検事様が自分の様な弱い者を捕へらるゝに摸擬しましたもので………

青鬼「これや〳〵何を申すか。本官はそんなことを問ふたことはないぞ。

被告「イヤどうも鬼は面白いもので、弱くていやがるやつを引つかまへて困らせます。丁度《ちょうど》あなた様が………

赤鬼「コリヤ何を無体《むたい》なことを申すか。本官は已《や》むを得ず本官の職権を行ふぞ。コリヤ鬼ども、被告を暫時《ざんじ》血の池と針の山へ連れて行け。

被告「どうぞ御めんなすつて……つい口がすべりまして……以後はきつと謹みます。

判事「東京へ出たのはいつのことだ。

被告「明治十六年でございます。

判事「その後健康の有様はどうだ。

被告「出京後は誰も制限する者がありませぬから、無暗《むやみ》に買ひ喰をしてますます胃をわるくしました。毎日々々何か菓子を喰はぬと気がすまぬ様になりますし、おひ〳〵胃量も増してきまして、六銭の煎餅や十箇の柿や八杯の鍋焼饂飩《うどん》などはつゞけさまにチヨロ〳〵とやらかしてしまひます。しかし一番うまいのは寒風肌を裂くの夜に湯屋へ行きて帰りがけに焼芋を袂と懐にみてて帰り、蒲団の中へねころんで、漸《ようや》く佳境に入るとか、十年の宰相を領取すとかいつてゐるほど愉快なことはありません。イヤ思ひ出しても………

赤鬼「コリヤさう涎を垂らしてはいかん。その方は前に表へ出るのはきらひだといつたが始終内に居て読書でもしてゐたか。

被告「イヤ余り読書もいたしません。詩を作りますばかりで、その余はどうしてくらしたか覚えません。殊《こと》に学校の課業を復習するは一番の嫌ひで、諳記すべき課業は鬼よりも、イヤお鬼様よりもいやでございました。

青鬼「そんなことをいふとその方のためにならぬぞ。出京後はどうであつた。

被告「出京後も同じことで、学校の課業は勉強したことなし。前の日に取て帰つた包をそのまゝにあけもせず翌日持て行きて、本が違つて居《お》つて叱られてゐました。落第などをやらかしたこともありました。落第して楽体になつたなどとむつかしく洒落《しやれ》てゐた様な横著者《おうちやくもの》です。

赤鬼「小説を勉強したといふがどうだ。

被告「面白半分どころか面白十分で読みました。月に一円の貸本代を出したこともありました。

赤鬼「出京後もやはり散歩や運動はせぬか。

被告「これ等はきらひですが、ベース・ボールといふ遊戯だけは通例の人間よりもすきで、餓鬼になつてもやらうと思つてゐます。地獄にもやはり広い場所がありますか、伺《うかが》ひたくございます。

赤鬼「あるとも〳〵。そんなにすきなら、その方が来た時には鬼に命《おお》せてその方を球にして鉄棒《かなぼう》で打たせてやらう。

被告「へ、、、これは御笑談者《ごじょうだんもの》、鬼に鉄棒、なるほど、これは。へ、、、

判事「だまれ被告。地獄では笑ふことは大禁物だぞ。それゆゑこの方《ほう》はじめ皆々苦虫踏みつぶした様な顔をしてゐるのだ。

被告「それでも鬼の目に涙といふからお泣き遊ばすことはございませう。

判事「その方は口のへらぬ奴だなア。さて、その方の咯血《かっけつ》したはいつのことか。

被告「本年五月のことでございます。

判事「詳細の様子を申立てろ。

被告「五月九日夜に突然(何の前兆もなく)咯血しました。しかし自分は咯血とは知らず、咽喉《のど》から出たのだと思ひました(咽喉から出たことは前年ありました)。もちろん咯血の咳嗽《せき》に伴ふことは後に知りました。翌十日は学校へ行かんと思ひましたが、朝寐して遅刻しましたから友達の勧めに従ふて医師の所へ行き診察を請《こ》ふと、肺だといふので自分も少し意外でありました。医師はまたその日は熱が出るから動くなといひましたが、拠《よんどころ》なき集会があつてその日の午後には本郷より九段坂まで行き、夜に入りて帰るとまた咯血しました。それが十一時頃でありましたが、それより一

時頃までの間に時鳥《ほととぎす》といふ題にて発句を四、五十ほど吐きました。もつともこれは脳から吐いたので、肺からではありませぬから御心配なき様、イヤ御取違へなき様願ひます。これは旧暦でいひますと卯月とかいつて卯の花の盛りでございますし、かつ前申す通り私は卯の年の生れですから、まんざら卯の花に縁がないでもないと思ひまして、『卯の花をめがけてきたか時鳥』『卯の花の散るまで鳴くか子規』などとやらかしました。また子規といふ名もこの時から始まりました。箇様《かよう》に夜をふかし脳を使ひしゆゑか、翌朝またまた喀血しました。喀血はそれより毎夜一度づつときまつてゐましたが、朝あつたのはこの時ばかりです。

判事「喀血は何日続きしや、また分量は如何《いかが》。

被告「一週間ばかりつゞきまして分量は一度が五勺〔約〇・〇九リットル〕くらゐと存じます。

判事「毎夜喀血する時は定《きま》つてゐたか。

被告「いや定めがありません。早き時は八時、遅き時は十一時くらゐでありました。

青鬼「その方は前に肺患にかゝつたのは意外だと申したが、何故《なぜ》さう思つてゐたか。

被告「自分、今春学校で測りましたに肺量は二百二十リツトルありましたから通常よりは多いくらゐだし、また充盈《じゅうえい》と空虚と胸周の差は殆《ほとん》ど二寸〔約〇・〇六メートル〕くらゐありましたから、これまた通常でありましたから同学生などの中ではいばれたものでありました。それゆゑ自分は肺患は容易に来らず、来たところが脳病の後だと思考してをりました。

青鬼「その方は前に突然喀血し云々と言ひ、また意外なりし云々といふを見れば前兆は少しもなかりしと思ふ。如何《いかが》。

被告「仰《おおせ》の通り前兆はありません様に心得ますが、しかしよく〳〵今から考へますと少し妙なことがあります。それはほかではございません、自分は幼少の時より大きな声が出ませず、また少し長く(三十分くらゐ)つゞけさまにしやべりますと声がかれます。また少し余計に走ると非常に困《くるし》みました。これらは生来余り肺のよからぬを証するものにやと思ひます。また最《もっとも》近き前兆はこの二年ほどは痰が出ることが常でありまして、病気前は平生よりは少し繁く出たかと考へます。そのほか近年風邪を引くことの名人でありました。このほかは知りませぬが、これとても後からの考へで前は何も気がつきませんでした。

青鬼「喀血前に発熱せしことはなかつたか。

被告「自分の病気は変則で発熱といふ前兆はなく、現に十日の日に医師が発熱せんといひしも虚言《いつわり》となりし訳にて、終《つい》に発熱せしは一週間くらゐ後にてかへつて喀血のやんだ後くらゐであります。また熱も強きことはありませんでございました。発熱して血を喀《は》くは通例だそうでございますに、自分のは反対でありました。もと〳〵人間がひねくつてゐますから、病気までが変り物だと思つてひねくります。

判事「喀血がやんで後、病気はどうであつた。

被告「その後は痰に血痕がまじりまして、箇様なことは一箇月の余もつゞきまして医者までが長いのに驚きました。

判事「食事はどうであつた。

被告「なるべく動かぬ様に寐てをれと医者がいひましたゆゑ、坐禅イヤ臥禅でもした心持でゐましたから食慾はなくなりますし、粥と玉子が食へぬ時も屢々《しばしば》ありました。

判事「その方は十日の日に医者のすゝめも用ゐず内を飛び出したりしたくらゐだから、

その後も定めて害になる様なことをしたらう。一体にその方は不養生との評判ぢやがどうだ。

被告「仰ではございますがそれは真赤な嘘でございます。十一日の朝咯血しましてから、さすがの自分も大閉口で無口のお願《がん》をかけたが、獅子にでも出つくはして死んだまねをする様にかれこれ難儀をしました。

判事「全く血がとまつて後はどうした。

被告「医師の勧めで西洋料理などをやらかし、葡萄酒を飲んで贅沢を尽しました。

判事「そのほか医者が何か勧めはしなかつたか。

被告「早く故郷の海浜へでも帰り海水浴でもやらかし、葡萄酒を飲み御馳走を食ふて海浜を散歩せよ、と申しました。

判事「そのすゝめに従ふたか。

被告「イヤ従ひませんでした。それは学校の試験だけをすまして後と思ひ、医師や親類などの勧めを用ゐませなんだ。しかし試験後そうそう汽車にて神戸へ出てそれより汽船で三津まで航し、それより人力車で松山へ帰りました。その日は〔明治二十二年〕七月七日でありました。

判事「帰国後はどうだ。

被告「病気はよろしうございますが、始めの十四、五日は毎日々々雨天にてそれに困りました。時々痰の中に血痕を存してゐました。その後それも大分よくなりましたが、またある朝突然咯血しました。しかしこの血は肺の血ではないといふことを知りました。これは経験の一徳で、自分はこの病気にかゝつてより後は吐血と咯血との違ひ、肺部の血と他部の血との区別くらゐは知りましたが、この時の血には泡がありませず、色も鮮《あざやか》は鮮ですが肺部のほどではありません。それゆゑ、これは気管の破裂にやと思ひしに、医師は果してさなりといへり。そこでまたしやれました『汽管破裂蒸気〔常規〕あぶなし血の海路』と。

判事「それはいつ直つたか。

被告「十日ばかりたつて全快しました。

判事「その後は平常に変らぬか。

被告「中々さうは参りません。今日でも朝起ると痰の一塊くらゐは出ますし、また時々咳嗽を発します。またいきつんだる暗き様な所にゐまするのは堪へません。蒸汽船に乗ればいつも甲板に出てゐますくらゐです。

判事「それでもその方先日劇場へいつたがどうだ。

被告「ハイ恐れ入ります。芝居は窮屈には相違ありませんが、中の広いのと芝居の面白いので見てゐる間は何とも思ひませんが、幕の間《あい》は堪へられないから窓へ首をあて、新鮮なる空気を吸ひます。

判事「その方の病気には前後とも医師は如何《いか》なる病名を与へしや。

被告「初めの時は急性肺炎、後の時は慢性気管支炎と申しました。

判事「帰国後、医師の勧め通り養生したか。

被告「御馳走は喰ひますが、牛肉は堅いから常には喰ひません。牛乳、雞卵、雞肉および雞肉ソップ〔スープ〕が毎日の常食です。また葡萄酒は病気でない時は飲みます。しかし海浜へ行くことは稀《まれ》でございますが、たまたま海岸へ行いた《ママ》時は何となく胸廓が開きますから、これからはなるべく毎日通ふと思ふてゐます。海水浴も冷浴は余り寒いから温浴をやる積りです。

赤鬼「その方は肺患の原因を何と思ふか。

被告「これには色々説もありますが、先《ま》づ順を追ふて申しませう。前にも申す通り自分は生来身体健康ならず、おまけに運動をせぬから消化よろしからず。そんなことで自分は非常の貧血症にて、烈寒の節は足指冷却して夢を結ぶ能《あた》はざることさへ往々あります。この如き虚あるゆゑ、二豎《にじゅ》先生は如何《いか》なる種類にかかはらず欣然として押しかけます。この貧血なることは大原因と考へます。これについて申さねばならぬことは婦人の教育です（男子の教育は言ふまでもないからこゝには挙げません）。婦人は人に嫁して後、子を挙ぐればその子を健康に利発に養育するのが一大義務であります。しかし健康は知識を養ふのもとであるし、かつ教育法は中々言ふべくして行ふべからざること多きゆゑ、差しあたり普通の衛生生理を知りてゐることが甚だ必要であります。例へば稚児は手荒く取扱ふべからず。食物の分量は一日どれくらゐにて何度に食《くわ》せしむとか、胃が弱いから不消化物は食はせぬとか、貧血だからなるべく滋養物を与へるとか、怪我をした時にはどんな介抱をして医師を待つとか、流行病のある時はどんな予防法を施すとかいふくらゐはよく心得て居らねばならぬことなり。これらは男子も固《もと》より注意すれども、女子は常に稚児に接近しゐるゆゑ、自分でこれくらゐのことは承知しなくてはいけない。自分等《ら》の親は今日の教育を受けぬ者ゆゑに、親に対して恨を抱く様なことは毛頭これなけれども、明治の教育を受けた婦女子の、その子を養育すること不十分なれば、その子はあるいは親を怨むにも至るべきなり。今日の学校の有様では婦女子は教育を受けると種々の弊害を生ずるといふて教育を与へぬ者多し。それも御尤《ごもつとも》ゆゑの訳なれども、さりとて衛生くらゐのことは心得させねば、十九世紀の人民に恥づる者ならんと思ひます。

判事「その方の答には大分枝が出る様だからよく考へて肝要なことばかりをいへ。

被告「承りました。また近因の最効力ありしものは已前《いぜん》にもちよつと申せし風邪引きなり。この二、三年は寒くなると絶えず風邪を引てゐました。これも貧血のゆゑでありませうが、そのほかに学校などに寄宿せし節は室にてはストーヴを焚き、室外に出ては寒風にあたるゆゑです。その上に自分は元来ぶしやう者にて著物《きもの》をことさらに著重ねなどすることはなく、室内にて綿入一枚なれば、室外へ出てもやはり綿入一枚にて羽織を重ねたることさへなし。また四、五年前はフランネルの襦袢を著けてゐたが、この二、三年は著けたることなし。これはフランネルを買ふ銭が惜しいからであります。それで紀州練りでごまかしてゐましたが、風の神は中々よく穴を探りますゆゑ、これは本ネルにはあらずと鑒定《かんてい》して直様《すぐさま》攻撃します。いやもう恐しいことです。もつとも此の時分は風邪引きは肺のわづらひなりと知らざりしは、我ながらおぞましき限りであります。病後は常にフランネルをはなしたことはありません。上から照りつけ下から焚きつける様な炎天にも我慢して雨はフランネルかなどとしやれてゐます。この頃は婦女子の服にフランネルが流行しまするは善きには相違ありませんが、これは衛生よりは流行より出たものゆゑ、永続するかどうかわかりません。皆さんなるべくフランネルをおつけなさる様に願ひます。

赤鬼「先刻、裁判官の御注意にもかかはらず、その方の話はとかく横道へはひつていかん。よく気をつけよ。

被告「また自分は散歩や運動はきらひな癖に、やるといふとベース・ボールの如き過劇な運動をするのもかへつて身体を害したでせう。マア原因はこんなものです。

青鬼「勉強のために身体を害したことはないか。

被告「外へは出ませんが勉強とてはしません。もしたとすれば、去年の七月已後《いご》のことです。それとても間接に一部分を働きたるまでにて、原因といふほどではありません。すなはち麁食《そしょく》をして運動をしなかつたといふにとゞまります。万一世の人が勉強をすれば肺病になるといつて心配する様なことがあれば、自分はこの人に忠告しませう『もし勉強のために肺を患ふる人あらば、その人は真正の大丈夫なり』と。

赤鬼「勉強といふことはともかくもその方は人の勧めを用ゐず、読書を廃せぬは何故ぞ。

被告「これは読書弁と題して細《くわ》しく心胸を吐いておきましたから御覧を願ひます。

書鬼起て読書弁を朗読す。

判事「それでその方の心事もほぼ分つた。何かほかに言ひ落したことはないか。

被告「何もないと思ひます。

判事「それぢや念のために浄玻璃《じょうはり》の鏡に写して見よう。初めより鏡に写せば分るけれども、少しでも自白した方が罪が軽くなるから今までは訊問したのだが………コリヤ鬼ども、浄玻璃の鏡を持て来い。

判事「今この鏡にその方が小舟の中で慄《フル》へてゐるところが写つてゐるがどうだ。

被告「恐れ入ります。これは自分がこの春の四月初めに常州地方漫遊の際、那珂川の舟中にて余り寒くてふるへました。それがために帰京後数日を経て、すなはち同月十五日頃と覚ゆ、腹痛に伴ふて震慄《ふるえ》が起りました。その時間五分くらゐにて、一夜の中に三度ありました。これも原因となつたかも知りません。

判事「一緒に舟にある連《ツレ》と見ゆる者〔吉田匡《ただし》〕も震へたか、あるいは著物を余計に著てゐたか。

被告「著物もそんなに違ひませんが、つれの者は鬼もイヤ鬼様も十八といふ若盛り、自分は弱体でありますからやはり風の神が余計にばかにします。

青鬼「その方の顔の青きと身体の痩せたるは病後か。または病気前より同じことか。

被告「前にも申しました通り昔から青いには相違ありませぬが、病後別してひどい様です。最少《も》ししたらあなた様のやうになるかも知れません。また病気して足も痩せました。頰も余計に落ちました。

判事「これにてほぼ訊問を終りたれば検察官の御意見を吐かるゝ様に願ひます。

検　「本官は意見を陳述する前に被告に申聞《もうし》けおくが、被告は弁護人を要せぬか。

被告「そんなものはいりませぬ。

赤鬼「然《しか》らばこれより本官は意見を陳述しよう。肺病なる者は多くは遺伝に出づる者なれども、それとても善く摂生《せっせい》すれば左までのことはなき者なるに、今被告は少しの遺伝もなくして自ら肺患を醸《かも》せしは罪の最深き者なり。これを道徳上より言へば不孝なり、不慈なり。それゆゑ如何《いかん》といふに、病気のため命をちゞめ、かつ思ふ通り黽勉《びんべん》〔努力〕奔走すること出来ぬゆゑ、遠くは家を興し亡父の名を挙ぐる能《あた》はず、近くは一人の母をだに安心させることもできず、またこの後子孫ありとすれば遺伝によりて害を残すべし。これすなはち不孝子□といふ所以《ゆえん》である。また哲学上より言ふ時はこの宇宙間に生れて人間の義務を尽しもせず、すなはち哲理も十分に窮《きわ》むる能はず。よし窮めたとしても応用することは出来ない。これ哲学上の罪人である。また国民の義務上よりいふも出《い》で、兵役に就く能はず、入て国英を現はすが如き所業をもなす能はず。これも不届《ふとどき》の一つである。また国家の経済上より論ずれば、殖業は出来ず、興業も思ひもよらず、いはゆる穀潰《ゴクツブ》しとなるは禽獣《きんじゅう》にも劣りし者なりといはざるべからず。かつ今日の世界は進化の世界なり。一日一日と進み一年一年と化す。然るに害を後世に残すが如きはこの規則に反する者なり。退化なさしむる者なり。ゆゑにこれは獄法第百十三条に相当する者なれば、五年ないし三十年の猶予を許すといふにより、なほ第四十五条を斟酌し、今より十年の生命を与ふれば沢山なりと思考します。もつとも付加刑は焦熱地獄がよからうと思ふ。そのわけは被告は娑婆に在ては常に寒気に苦しんだから、地獄では反対に苦しませるの意であります。

判事「被告その方も意見あらば陳述せよ。もつとも地獄には治肺法なければ上告は許さぬからその積りで十分に言ひ尽せよ。

被告「さらばこれからふんどしでもしめてといふところなれども、メリヤスのふんどしでは虎の皮ほどは強くしまりませぬから別に弁論は致しますまい。しかしただただ一つ申したきは貧乏といふことなり。四年ほど前に自分の友達〔清水則遠《しみずのりとお》〕が一人鬼籍に上りましたから帳面をお調べになつたら分りますが、その男も金がないために死にました。自分の病気も種々の原因があることを陳述しましたが、その原由もつゞまるところは貧困の二字に帰します。もし金銭さへ沢山にあれば前いふた原因は知らず〳〵の間に消えてしまひます。すなはち貧家に生れたのが自分の不幸です。地獄の沙汰も金次第と申しますから、金さへあれば今検察官のおつしやつた言葉でも手のうらかへす様に変ぜしむることも出来ます。金の勢力は恐しいものです。また検察官の御弁論は一々感服しませぬが、末はおいて本だけちよつと申しますが、哲理上の罪人との御一言はどうしても受け取れかねます。哲学上人間の義務が分りてをれば伺ひたくございます。

青鬼「その方はよく金々と金のことばかり申すが、金があつたとて何もかも自由になる訳はない。またその方は今まで犯せし罪のみならず、今後も余り後悔の様子も見えぬは如何《いか》にもよろしくないから、前に検察官の請求しられた刑は適当の者といふよりほかはない。

判事大王「被告にも別に弁論なければ今日はこれにて閉廷す。いづれ宣告は追てすることであらう。

〔明治二十二年〕

山吹の一枝〔抜粋〕

第七回　投球会

花ぬす人稿

またここにことあたらしく説き出《いだ》すは鉄面居士紀尾井三郎が人《ひと》となり〔為人〕、彼れ怜悧なり、人に負けるを嫌ふ。したがつて人に秀《ひい》づること多し。見かけには不器用らしけれども、その万事にわたつて多能多芸なるは人の驚く所なり。藤八〔藤八拳・狐拳〕の手を以て竹刀を水車の如くにふりまわし、相撲の四十八手よりほかによく洒落者《しゃれもの》を倒すの秘密を心得、耆婆扁鵲《ぎばへんじゃく》〔名医〕の流れを汲みながら、小説俳諧の門に遊ぶ。しゃれもやれば仮声《こわいろ》もやる。人を笑はすこともすれば、人をいぢめることもする。見たところもおうやうなるが、中々に愛嬌者なり。されど議論の際、あるはふとした時には存外たやすく激昂するだけがその落ち度なりとある人はいへり。またそのすますところとうぬぼれとが、そのきずなりと他の人はいへり。とにかく、得難《えがた》き青年なることは記者も保証すべし。

三郎が住居せる下宿屋といふは同国人のみの集会なれば、下宿せし人だちは皆互に相知りていとむつまじく晩餐の前後などは遊戯を共にするの風ありて、真に和気洋々の中に日を送るものなり。その遊戯は鉄棒、高飛、桿飛、幅跳等にて、中にも山咲《ヤマサキ》など呼ぶ一少年は、軽捷猿の如く軽業師も三舎を避くべきほどの技を演するを以てよき見物《みもの》なりとて、宿中の書生皆集りて椽側に笑ひどよめき拍手喝采の声にぎやかなり。然《しか》るに山尾、篁《タケムラ》、章多《ショウダ》などの人々尽力してベースボールといふ遊戯を教へしより、宿生いつしかにこの遊びにのみ耽《ふけ》り、他の遊戯はしたがつてすたるともなく衰へけり。このベースボールといふはいと活潑なる遊びにて、殊《こと》に熟練を要するものから、初めのうちは面白く思はねども少し手に入る様になりて、ボールを受けることが十中七、八はできるといふに至ては、急に熱心の度を増し、それより上手になればなるほどいよ〳〵寝食を忘れてこれに耽ること実にわき目より見れば不思議とやいはん奇妙とやいはん。熱心なる人を見て初め笑ひしともがらも、やう〳〵誘はれて自らその域に至る。そうしてその時にはたゞ面白味といふほかは何事も知らざるなり。

紀尾井は医学職に生長せしゆゑ、運動的遊戯にはうとく、鉄棒、桿飛などは試みしこともあらざりしが、ボールの始まりし頃には少しこれを試みけり。然るにこの遊びは多少の怪我をなすは通常のことゆゑ、三郎はこれに辟易し、我もし小指一本なりとも不具になさば我本職に差支を生すべければ、まづボールはやめとすべしとて一時はやみぬ。されど時々これをいぢつて見るにつけ多少の巧者もでき、また朋友が日々上手になるを見ては少しもやつて見たき気になり、再びこれをはじめてベースボール会員に入りしが、もと腕力のあるゆゑにやノックなどは実に上手にて、直《ただ》ちに先輩を圧するほどに至りしかば、今は面白くて〳〵たまらなくなり、何もかもすてとけほつとけで夢中にこの遊戯にのみ精神をこらしける。傍人が笑ふて、君指をいためたら不都合じやないかといへば、三郎答へて「ナニ大丈夫サ、もう大分上手になつたからひどい怪我はせんといふわい」といへり。ある夜、三郎の室へ二、三人のボール仲間来りて、明日は上野の広場にてベースボール興行せんとてその役割を定む。

山尾「こいつはどうしてもフアルスト、ベースへやらにやなるまい。

紀尾井「そりや、いかんサ、元来、元老がいばるからいけない。

糸井「さういうなや、国会開設までは元老院でもやくにたつから。

紀尾井「しかし勝負になつて用捨《ようしや》もいらんことサ。あれがファルスト、ベースやるくらゐならおれがやるよ。

山尾「まづお株はお株でないとどうしてもいかんよ。政府でも維新の元勲を取扱う《ママ》には実に困つてるだらふ。

翌日になると同じ宿の書生二十人余りは威勢よく上野までくり出したり。紀尾井はこの時ピッチヤアと第二ベース〔セカンド〕との交代なりしが、殊に愉快さうにかけまはれゐたり。

ファオル、アウトと叫ぶ声、バットにて高くボールを打ちあげたる音、木《コ》だまにひゞきていさましし。勝負もはや終らんとする頃、紀尾井はストライカー(打ち手)となりてベースに出でしが、驚きたる調子にて、

「こりや驚いた。フル、ベースだねへ。

身方の一人「もちろんサ。紀尾井たのむぞ。

また一人「きをいよくやれ。

紀尾井「何をいふのだ、安心しろ。おれが大なやつをやつつけてやらふ。

この日は日曜日にて天気もよければ上野公園の群衆はおびたゞしく、この広場は博物館の横にて人の知らぬ所なれども、それさへ今は真黒に人の山を築けり。紀尾井は今こそと構へこんで一声ヱイと棒をふれば、球や近かりけん、勢や強かりけん、ボール左の方へ強きファオルとなりて飛びいたり。人人あはやと見返れば無残！　美人の胸。発矢《はっし》、美人は倒れたり。

〔明治二十三年頃〕

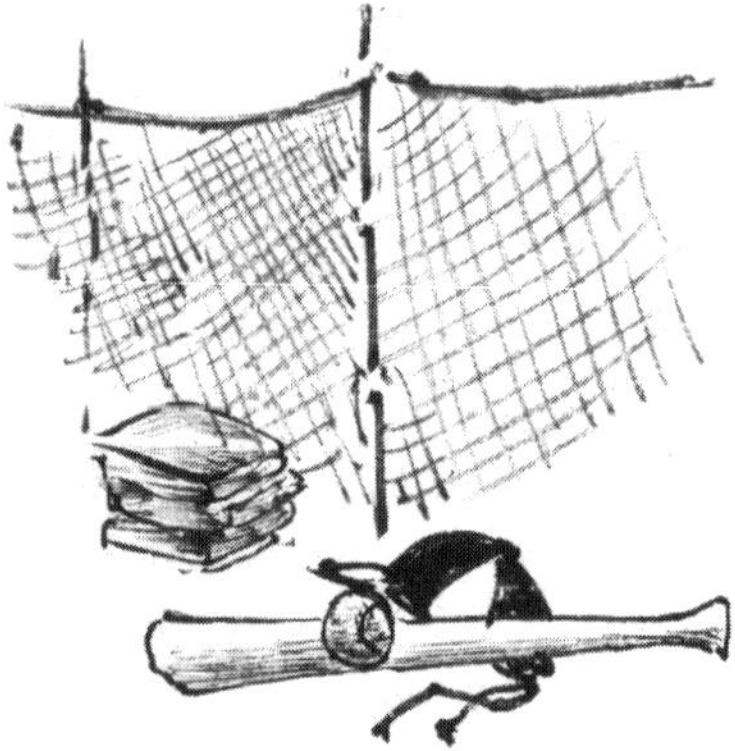

子規画.「山吹の一枝」自筆原稿より.
松山市立子規記念博物館所蔵・提供.

付録　子規とベースボール

高《たか》浜《はま》虚《きょ》子《し》

松山城の北に練兵場がある。ある夏の夕そこへ行つて当時中学生であつた余等がバッチングをやつてゐると、そこへぞろ〳〵と東京がへりの四、六人の書生がやつて来た。余等も裾を短くし腰に手拭をはさんで一ぱし書生さんのつもりでゐたのであつたが、その人々は本場仕込みのツンツルテンで脛の露出し具合もいなせなり。腰にはさんだ手拭も赤い色のにじんだタオルなどであることが先づ人目《ま》を欹《そばだ》たしめるのであつた。「おいちよつとお借しの。」とそのうちで殊《こと》に脹脛《ふくらはぎ》の露出したのが我等にバットとボールの借用を申し込んだ。我等は本場仕込みのバッチングを拝見することを無上の光栄として早速それを手渡しすると、我等からそれを受取つたその脹脛《ふくらはぎ》の露出した人は、それを他の一人の人の前に持つて行つた。その人の風采は他の諸君と違つて着物など余りツンツルテンでなく、兵児帯《へこおび》を緩《ゆる》く巻帯《まきおび》にし、この暑い夏であるのにかゝはらず尚《な》ほ手首をボタンでとめるやうになつてゐるシヤツを着、平べつたい組板のやうな下駄を穿《は》き、他の東京仕込みの人々に比べ余り田舎者の尊敬に値せぬやうな風采であつたが、しかも自《おのずか》らこの一団の中心人物である如く、初めはそのまゝで軽くバッチングを始めた。先のツンツルテンを初め他の諸君は皆数十間あとじさりをして争つてそのボールを受取るのであつた。そのバッチングはなかなかたしかでその人も終《つい》には単衣《ひとえ》の肌を脱いでシヤツ一枚になり、鋭いボールを飛ばすやうになつた。そのうち一度ボールはその人の手許を外《そ》れてちやうど余の立つてゐる前に転げて来たことがあつた。余はそのボールを拾つてその人に投げた。その人は「失敬。」と軽く言つて余からその球《きゅう》を受取つた。この「失敬」といふ一語は何となく人の心をひきつけるやうな声であつた。やがてその人々は一同に笑ひ興じながら、練兵場を横切つて道後の温泉の方へ行つてしまつた。

このバッターが正岡子規その人であつたことが後《のち》になつてわかつた。

〔高浜虚子『子規居士と余』より、大正四年〕

河東碧梧桐《かわひがしへきごとう》

私が子規宗の一人になつて、発句といふものを始めて作つたのは、それから四、五年後の明治二十三年であるが、それまでに子規と私との間に一つのエピソートがある。

当時まだ第一高等学校の生徒くらゐにしか知られてゐなかつたベースボールを、私が習つた先生といふのが子規であつたのだ。私の十六になつた明治二十一年の夏であつたと記憶する。当時東京に出てゐた兄〔碧梧桐の実兄、竹村鍛《きとう》〕から、ベースボールといふ面白い遊びを、帰省した正岡にきけ、球とバットを依托したから、と言つて来た。子規と私とを親しく結びつけたものは、偶然にも詩でも文学でもない野球であつたのだ。それで松山のやうな田舎にゐて、早く野球を輸入した、松山の野球開山、といつた妙な誇りを持つてゐるのだ。

球が高く来た時にはかうする、低く来た時にはかうする、と物理学見たやうな野球初歩の第一リーズンの説明をされたのが、恐らく子規と私とが、話らしい応対をした最初であつたであらう。兄とは違つた、どこか粋《いき》な口のきゝやうから、暖かなやさしみを持つた態度の前に、私は始終はにかみながら、もぢ〳〵してゐた。団扇の柄を両手で揉むやうにして煽いでゐた仕種までが妙に慕しかつた。

この初対面の延長で、私はすぐ表の通りへ引張り出されて、今まで教つた球のうけ方の実地練習をやることになつた。私は一生懸命にうけるといふより球を攫《つか》んだ。掌の裏へ突き抜けるやうな痛さを辛棒して、なるべく平気な顔をしてゐた。頭の上へ高く来たのは、飛びあがるやうにして、両手を出しさへすれば、大抵はうけられる、ちよつと投げて御覧《ごらん》、と言はれて、その投げ方がちやうどいゝ具合にいかない。二、三度繰り返して、やつと思ひきつて投げた球を、一尺も飛び上つてうけたお手本に驚くよりも、半ば忘れかゝつてゐた眼つきの鋭さが私を喚び覚した。子規は赤く腫れたやうになつた私の手を見ながら、いろ〳〵に言ひ慰めて、初めてにしてはうまいものだ、ナニ球はすぐうけられるなど、言つた。しかし私は、それまでに経験のあつた、撃剣を教へて貰つた時のやうに、呑気なふざけた気分にはなれなかつた。

子規の家を始めて尋ねたのも、野球の一般法則を聴く約束があつたからだ。当時はまだ今日のやうに適当な訳語もなかつた。さうして聴く私には、英語の力が薄弱だつた。メンバーのそれ〴〵の役目から、勝敗に関する複雑なコンデイシヨンを一通りわからせようとした、先生の労を多とせなければならない。教つてゐる生徒も、前日の球のうけ方より、どれほど骨の折れたことだつたらう。何でも子規はグラウンドの詳しい図面と、メンバーの名前と、球の性質に関する表のやうなものを書いてくれたので、後生大事に貰つて来たことを覚えてゐる。

〔河東碧梧桐『子規を語る』より、昭和九年〕

柳原極堂《やなぎはらきょくどう》

ベースボールがいつ我国に入り、いつ大学などに流行せしか、予は同技の由来など少しも承知せざるが、子規等がこれに熱中し始めしは〔明治〕十八、九年の頃からであることを覚えてゐる。学校から帰つて来ると室内を騒ぎ廻り、あるいは手を挙げて高く飛んだり、または手をさげて低く体を落すなど、いろ〳〵の恰好をするので、升《のぼ》さん、君は何のまねをするのかいと訊《き》くと、これはね、ベースボールといふ遊戯の球の受け方練習なのだ、トテモ面白いよ、君、一度学校へ見に来たまへなど言つてゐた。その頃二、三の学友が来て競技の役割の打合せなどをして帰つたことも覚えてゐる。「松蘿玉液」にベースボールの由来などを記したる条に「明治十八、九年来の記憶に拠《よ》れば、予備門または高等中学は、時々工部大学、駒場農学と仕合ひたることあり」

云々と子規は言つてゐる。予の記憶の誤らざるを証するものである。

藤野磯子刀自《とじ》の子規の野球に関する思出として碧梧桐氏が書いてゐるものを見ると、次の如《ごと》く言つてある。ただし野球の訳語はまだ出来てゐなかつた時のことと知るべきである。

また野球にも凝《こ》つてゐました。新橋の鉄道局辺にグラウンドがあるとか言つて出掛けました。平岡といふ鉄道に関した人が、宅の主人の謡ひの友達であつた因《ちな》みで、その平岡の子息さんと野球をやるやうになつたらしいのです。けふは練習が遅くなつて、歩いて帰るひまが無かつたからと、よく車賃をねだられました。

神田に居る子規が牛込までよく車代の無心に行つたといふは少し変だと思ふ。刀自は明治十八、九年頃の思出として語つてゐるのだが、あるいは年代の思ひちがひではあるまいか。子規がまだ藤野に寄食しゐたる際の記憶だとすれば、十六、七年のことに属するといはねばならぬ。とにかく子規が早くよりベースボールに趣味を有してゐたことはこれに由るも明かである。

〔柳原極堂『友人子規』より、昭和十八年〕

勝田《しょうだ》主計《かずえ》

正岡子規は、やはり自分と同郷の者であつて、青年の時分から至つて文学思想に富んで居《お》つた。自分等が青年時代には、郷里に演説会などが流行をしたものである。我《わ》が旧松山藩の講堂に朋教館といふのがあつた。それが中学校の中に講堂として残つて居《お》つたのであるが、そこで談心会といふ会が組織されて居つて、青年が寄つて色々弁論の稽古をしたものであつた。その当時既《すで》に子規が文才に富んだ人たることを認められて居つた。子規の演説は極《ご》く下手ではあつたが、その演説の趣向組立といふものがまるで短篇小説を読むやうな風で、よほど斬新で面白く文学的に出来て居つた。すなはちその時分から文学といふことに就《つい》て子規は斬然〔嶄然《ざんぜん》・ひときわ〕頭角を現はして居るやうに思つた。それから東京に出て来て大学予備門に這入《はい》つた当時の子規は、どちらかと云へば無邪気で活潑な風であつたので、体格も相当によく、テニス、ベースボールなどが非常に好きであつた。殊《こと》にベースボールは、運動の中で最も得意であつて、所謂《いわゆる》キヤツチヤーを終始やつて居つた。自分も拙手《へた》の横好きで、しばしば「フヰールド」に立つてやつたことがあつた。子規等がやつて居つた時分は、キヤツチヤーがバウンドを取るといふ時代であつたので、日本でベースボールが始つて間もない時であつた様に記憶して居る。とにかくその時分から子規は非常に熱心にこれをやつた者である。

〔勝田主計『ところてん』より、昭和二年〕

子規を憶ふ

勝田主計

子規が高等学校本科生として文科を選んだのは、その天稟《てんぴん》性格によるのであらう。彼は中学時代から、あまり頑強な体質ではなかつた。色の青白い、極めて大人しい男で、活溌な所は少く、彼自身健康保持に注意してゐるやうであつた。予備門から高等学校時代には、盛にベースボールをやつたが、それが彼の唯一の運動であつた。今日から顧みて、彼はベースボール元祖組の一人たるを失はぬであらう。私も強健な方ではなかつたが、明治二十一年の二月頃、子規に引込まれて学校のベースボール会員になつたことがある。

当時のベースボールは極めて幼稚なもので、キヤツチヤーは球の一度バウンドしたものを取つてゐた。もちろん今日のやうにマスクなどの必要は無かつた。ピツチヤーその他の投げる球も、今日のやうに技巧を加へた、かつ強烈なものではない。子規の球を取る流儀は一種特別で、掌を真直に伸べて球を挟むやうにした。強烈な球ではそんなことは出来ないが、当時はそれで間に合つてゐたのである。私は下手の横好《よこずき》で、ベースボールの真似を四、五年続けたのみならず、ボートやテニスもやる。二十四年頃には撃剣の夜稽古も始める、といつたやうな風であつた。が、子規はベースボールだけで、他に亘《わた》らなかつた。

〔「日本及日本人」第三百九号、昭和九年〕

追憶片々

菊池《きくち》謙二《けんじ》郎《ろう》

翌年〔明治十八年〕一月半ば頃に同宿の一人が都合あつて転宿したので、君〔秋山真之〕と僕〔菊池謙二郎〕は駿河台下の齋藤とかいつた半素人の下宿屋へ移つた。武者窓の附いた薄暗い六畳の一間であつた。そのかはり前通りは人通りが少いので閑静であつたので、学校から帰ると二人でよくボール投げをやつた。互に負けぬ気で力一杯に投げたり、捕れさうもない投げ方をして対手が落すと得意がつて笑つたものだ。この頃、交遊仲間の七人が互にその性格や特技を批評して、七変人評論といふ小冊子を作つて戯れ合つた。それにいろいろの番附を附録としたが、ボール投では君と僕とが東西の大関に選ばれたやうに記憶する。もつともその番附は一人、二人の手に成つたもので、七人が話し合つた結果でもなく、また特性や習癖に関する得点も七人の採点を平均したものでないから随分当《とう》を失したものもあるが、ボール投げの番附だけはまず公平無難だつたとおもふ。

〔秋山真之会編『秋山真之』、昭和八年〕

七変人遊技競

大関　井林廣〔博〕政	大関　**菊池謙二郎**
関脇　神谷豊太〔郎〕	関脇　**正岡常規**
小結　菊池謙二郎	小結　井林廣〔博〕政
遠足　行司清水則遠	弄球　行司清水則遠
大関　関甲子郎	大関　**秋山真之**
関脇　正岡常規	関脇　関甲子郎
小結　秋山真之	小結　神谷豊太郎

以上　評者二人撰

＊「弄球」は、ベースボールのこと。

編者解説

復本一郎

令和四年（二〇二二）一月十日に満八十二歳で亡くなった漫画家水島新司氏が「週刊少年マガジン」（講談社）誌に連載していた漫画に「野球狂《やきゅうきょう》の詩《うた》」がある。この「野球狂」なる言葉、大いに気になる。手近にある岩波書店の『広辞苑』（第七版）の「狂」の項を引いてみると「①心の常態を失うこと。②一事に熱中して溺れること。また、その人。マニア。「野球―」」と出てくる。この「野球狂」の用例と、水島新司氏の「野球狂の詩」の「野球狂」との前後関係は、定かでない。

ここで、子規である。子規は、明治十七年（一八八四）から明治二十五年（一八九二）まで、九年間にわたって『筆まかせ』という随筆を綴っている。その中の明治二十三年（一八九〇）の条に「筆頭菜《つくし》狩《がり》」なる随筆がある。四月七日に竹村其十《きとう》（鍛《きとう》）、伊藤鉄山（泰《やすし》）の二人の友人（ベースボール仲間）に誘われて、板橋につくし狩に行った時のことを綴ったものである。注目すべきは、本郷区真砂町十八番地の常盤会寄宿舎（旧松山藩主久松家の醵金による旧藩士子弟のための寄宿舎）への帰路の次の一節である。

片町（本郷）のほとりにいづ。植木屋夥《おびただ》しく、時に芝を養生する広場あり。我々ボール狂には忽《たちま》ちそれが目につきて、こゝにてボールを打ちたらんには、と思へり。

春風やまりを投げたき草の原

この時点で、子規は、はやくも「我々ボール狂」なる言葉を使っているのである。「ボール狂」すなわち「野球狂」にほかならない。子規が「我々」と言っているように、他の二人竹村其十、伊藤鉄山の二人もベースボールに夢中だったのである。子規は、『筆まかせ』中に「明治廿三年三月常盤ベースボール番附私見」という見立番付《みたてばんづけ》を掲出している（本書56頁《ページ》参照）。そこにおいて、子規は、竹村鍛（其十）を、西方の大《おお》関《ぜき》、伊藤泰（鉄山）を、東方の前頭《まえがしら》三枚目に位置付けている。

「ボール狂」仲間といえば、前年、明治二十二年(一八八九)四月三日より七日まで、水戸への膝栗毛(徒歩旅行)を試みた相棒の吉田匡《ただし》も、その一人であった。子規はベースボール仲間の「評判記」を書いているが、そこにおいて吉田匡を「この頃《ごろ》に至りて俄《にわか》に上達せられ、受けかたには苦情をいはぬほどなれど、少し手重きに過ぎて動作《モーション》遅きゆゑ、まづ第一ベース専門の御方《おかた》なるべし」と評している。そんなわけで年少(明治五年生まれ)ながら親しかったのであろう。この五日間の旅の記録が『水戸紀行』(『子規紀行文集』岩波文庫所収)である。中の四月四日の条に左のごとき一節があり、子規の「ボール狂」生活の一端を窺うことができる。故郷松山と下総《しもうさ》(千葉県北部と茨城県の南部)・常陸《ひたち》(茨城県北東部)の地形について比べた場面である。

定めて一望平野沃土千里といふ有様ならんと思ひの外《ほか》、さはなくて平野は極めて稀《まれ》に、却《かえっ》て低き小き岡陵《こうりょう》多く、稲田などは岡陵の間を川の如くに縫ひゐる処少なからず。其外《そのほか》大木もなく、さりとて開墾もせざる、平原といひたき様な処、時々あり。(余が広き原を観察するはベースボールより生ずる思想なり。)

地形の観察を「ベースボールより生ずる思想」とまで言い切っているのである。それゆえ、翌四月五日、水戸公園左の「数百坪の芝原平坦にして毛氈《もうせん》の如」き地形を見逃すはずがなかった。はたせるかな、その平坦な芝原で、子規は、左のごとき光景を目にするのである。

かの芝生の上にて七、八人の小供の十許《ばか》りなるがうちむれて遊びゐたり。何やと近づき見ればベースボールのまね也《なり》。ピツチヤアあり、キヤツチヤアあり、ベースメンあり。ストライカーは竹を取りて毬《まり》(女の持て遊ぶまりならん)を打つ。規則十分にとゝのはずとはいへ、フアヲル、アウト位の事を知りたり。この地方にこの遊戯を存ずるは、体操伝習所の卒業生などが小学校にてひろめたるならん、と思ひやらる。

ベースボールの真似事である。十歳くらいの少年が七、八人。子規は、うれしく、心躍ったことであろう。「ボール狂」の子規ゆえ、明治十一年(一八七八)十月末、神田昌平橋の側に体育の専門学校として設立された「体操伝習所」でベースボールが教

『小供教育男子遊戯画集』(明治 36 年発行)より「まりなげ」

えられていたことを知っており、「体操伝習所の卒業生などが小学校にてひろめたるならん」と付記している。

先に「明治廿三年三月常盤ベースボール番附私見」に触れたが、これは、随筆集『筆まかせ』中の「舎生弄球《ろうきゅう》番附および評判記」の一文中に掲出されているものである。「弄球」とは何か。同じ『筆まかせ』中の「写真の自讃」なる一文中に解答が示されている。ここで子規言うところの「写真」とは、子規の写真中でもよく知られているユニフォーム姿で、バットを手に持った例の写真(口絵参照)である。明治二十三年(一八九〇)四月六日、子規は、この写真を、当時、親交のあった大谷是空《おおたにぜくう》(子規と同じく慶応三年の生まれ。美作《みまさか》（岡山）出身）に与えている。是空も、子規と同様、その性「奇を好み新を求むる」ことを承知して撮った写真だと言っている。『筆まかせ』の一文は、冒頭、まず左のごとく記されている。

四月はじめ、我写真一葉を大谷子へ送るとて附けやりし手紙なり（写真は丸木にて写し、バット、と球とを以て運動家の如《ごと》く写せしなり）。

例の写真の説明である。「写真は丸木にて写し、バット、と球とを以て運動家の如《ごと》く写せしなり」との文言には、子規の一抹の含羞をも感じ取ることができるであろう。自身は、「運動家」などとは毛頭思っていなかったようである。以下に引く書簡が、そのことを明らかにしている。なお、「丸木にて」の「丸木」は、写真館で、『東京名物志』（明治三十四年九月、公益社刊）の中に、

店は新橋外に在り。芝方面に於ける写真店中、固《もと》より第一位を占め、広く都下の同業者間に較するも、亦《また》第二と下らず。

と見える。そこで、是空宛子規書簡である。例の「運動家の如く写」した写真に言及している箇所を摘記する。

　猟師、種が島を提げ、弄球家《ベース、ボール、マン》、バットをふりまわす、珍重の至りニあらず。文人、書を挟み、騒客《そうかく》〔詩人〕、筆を弄するは、味噌づけの香の物より猶ふるくさし。深窓のやさ男、鉄炮《てっぽう》を杖《つえ》き、本箱のうぢ虫、ボールをなげ飛ばして、これニ於て無量の雅致ありとこそ申べけれ。色男また時としてこの戯れあり。

　　恋知らぬ猫のふり也球《なりまり》あそび

能球　拝

是空殿

「弄球家」に、「ベース、ボール、マン」と振り仮名しているのは、子規である。これにて一件落着。『筆まかせ』中の子規言うところの「舎生弄球番附および評判記」の「弄球」とは、「ベースボール」のことだったのである。辞書類には未収録の「弄球」であるが、当時の子規周辺の若者には、十分に通用していたのであろう。子規苦心の「ベースボール」の訳語であったのである。

子規は、例の写真に対して「運動家の如《ごと》く写せしなり」と記していた。「如《ごと》く」に、子規の一抹の含羞を感じること、先に述べた。これも先に引いた『水戸紀行』の冒頭には、

余は生れてより身体弱く、外出は一切嫌ひにて、ただ部屋の内にのみ閉ぢこもり詩語粋金〔漢詩入門書〕などにかぢりつく方なりしが、好奇心といふことは強く、遠く遊びて未《いま》だ知らざるの山水を見るは、未だ知らざるの書物を読むが如く面白く思ひし……。

との一節がある。「旅行好き」子規を表明したものであるが、この一節より、子規が「運動家の如《ごと》く」と記した、その心中《しんちゅう》が窺知《きち》し得《え》よう。それと同時に「ボール狂」となった、その要因が人一倍の「好奇心」に拠るものであったであろうことも、納得し得《う》るように思われる。そして、それゆえの「奇を好み新を求むる」性向も。

子規は、決して自《みずか》らを「弄球家《ベース、ボール、マン》」だとは思っていないのである。自《みずか》らを、まず、

「本箱のうぢ虫」と呼んでいる。小さい時から「詩語粋金などにかぢりつ」いていた自《みずか》らなのであった。その「本箱のうぢ虫」が「ボールをなげ飛ば」すから面白いのである(「無量の雅致あり」)。次に、自《みずか》らを「色男」と呼んでいる(明治二十三年八月十五日付漱石宛子規書簡では、漱石に対して「自称色男ハさぞ〳〵御困却と存候」と述べ、自《みずか》らを「花風病夫」と名乗っている。この「花風病夫」も、「色男」に通じるであろう)。「色男」(子規)も、時に「この戯れ」(ベースボール)をするとして、自画像としての戯笑性の強い一句、

恋知らぬ猫のふり也球《なりまり》あそび

を是空に示しているのである。夢中になって「球あそび」(ベースボール)に興じている私ではあるが、決して恋に関心がない(「恋知らぬ猫」。これで春の季語)わけではない、との意味である。差出人を「能球」としているのにも注目してよいであろう。子規の本名「升《のぼる》」のもじりである。

この手紙より少しはやく、同年三月十六日付で、同じ是空に手紙を認《したた》めているが、そこでは、自らを「東京本郷　野球拌」としている。これも、また「升」のもじりであろう。この子規の「雅号」ともいうべき「野球」について、河東碧梧桐《かわひがしへきごとう》は、後日

（昭和十九年六月）、その著『子規の回想』（昭南書房）中の「嗜好」なる文章の中で、
「ベースボール」を訳して「野球」と書いたのは子規が嚆矢であつた。が、それは本名の「升」をもぢつた「野球《ノボール》」の意味であつた。

と記している。碧梧桐は、右の『野球《ノボール》』を十分承知で、このように書いたのであったが、このやや曖昧な記述が、後に誤解を招き、「ベースボール」を「野球」と訳したのは、子規である、との説が流布されることになった。「ベースボール」を「野球」と訳したのは、中馬庚《ちゅうまんかなえ》（明治三十年七月刊、中馬庚著『野球』前川文栄堂出版、参照）。

それはともかく「部屋の内にのみ閉ぢこもり詩語粋金などにかぢりつく方」であった子規が、一時期ベースボールに夢中になったことは間違いない。子規自身が随筆「新年二十九度」（明治二十九年一月五日発行「日本人」所収）の明治二十一年（一八八八）の項に、

一橋外の高等中学寄宿舎の煖炉のほとりにて迎へぬ。この頃《ころ》はベースボールにの

み耽《ふけ》りてバット一本、球《まり》一個を生命《いのち》の如《ごと》くに思ひ居《お》りし時なり。

と振り返っているからである。ところが、この子規が、プツリとベースボールから距離を置く出来事があった。先の碧梧桐が、『子規を語る』(昭和九年二月、汎文社刊)という著作の中で、明治二十四年(一八九一)三月のこととして、次のように記している。元老(ベテラン)としての子規のノックの場面である。やや引用が長くなるが、興味深い記述であるので、左に示してみる。

一通り打順の済《す》んだあとで、子規が打方に立つた。イヨーなど丶囃《はや》す声も聞えた。二つ三つ打つてる間に、どうしてか空《くう》ばかり打つやうになつた。バットを十ぺん振つて、やつと一つあたる位だつた。上衣《うわぎ》を肌脱ぎにした、真白いシヤツが、私の目にも何かを暗示するやうに泌《し》み込むのだつた。空《くう》を打つバットを気にもしないで、元気よく振り廻《ま》はす力強さが、私自身をきまりわるがらせた。と同時に子規に対する気の毒さが湧いた。

子規の心中を思いやり、自《みずか》らの内面を凝視しての碧梧桐の筆が冴える。このノックが終った後の、子規と碧梧桐の実兄竹村黄塔《きとう》（本名鍛）との会話。碧梧桐もそこに居合わせている。碧梧桐は、次のように書き留めている。

「馬鹿にくたびれたかい、バットがあたらないと、一層くたびれるやうぢやナ。しばらくやらないと、ちよつとした呼吸を忘れる……恐ろしいもんぢやナ。

子規がこんな事を言つてゐるのを小耳にはさみながら、けふに限つて血の気のない、艶のない、蒼ざめたその横顔をぬすみ〳〵見てゐた。顎の関節のところが、お能の面のやうに刻み出されてゐるのでもあつた。

明治二十四年三月の右の出来事は、碧梧桐に強い衝撃を与えた一事であったようである。子規の「ボール狂」時代の終焉である。『子規を語る』より二年はやい昭和七年（一九三二）四月刊の日本文学講座・第十三巻『明治時代（下）』（新潮社）の「正岡子規研究」において、碧梧桐は、その子規を左のごとく報告している。「中肉中背、色の女のやうに白かつた割に、骨格はがつしりしてゐた」子規であったという。

常磐会寄宿舎《(ママ)》――本郷真砂町――の附近に空地があつて、そこが舎生のノック場になつてゐた。バットとボールを持つては、既に元老であつた子規が、久しぶりに打ち方に廻つた。何度振つても、どこの加減か、空振《からぶり》に終つた。それ以来、再びバットもボールも手にしなかつた。

「それ以来、再びバットもボールも手にしなかつた」――この潔《いさぎよ》さ、いかにも子規らしいではないか。ベースボール卒業である。

この頃《ころ》、すでに、子規は、畢生の偉業「俳句分類」に取り掛かっていた（子規自身の言によれば、「俳句分類」の作業に着手したのは、明治二十二年のこと）。俳句革新へと梶を取っていたのである。

＊

本書の構成に目を通しておく。子規がベースボールに言及している諸資料（文献）を、御覧のごとく手際よくスッキリとまとめて下さったのは、本書の提案者、岩波文庫編集部の永沼浩一さんである。御礼申し上げたい。その「目次」に従って解説を加えてみる。全五章、それに子規の友人たちによる「子規とベースボール」とのかかわりを中心とした懐旧談、六篇よりなる「付録」により構成されている。

第一章は、「ベースボールの句」。子規の残したベースボール関係の句、全九句。「ベース、ボールは総て九の数にて組み立てたるもの」(Base-Ball)ではあるが、俳句九句が残っているのはたまたま、であろう。〈まり投げて見たき広場や春の草〉と〈春風やまりを投げたき草の原〉の二句は、明らかに「類句」。〈まり投げて〉の方は、子規句稿『寒山落木《かんざんらくぼく》』では、抹消されている。それよりも、俳句作品中で注意しておくべきは、「球」(「毬」)の読みである。従来、「たま」と読まれているが、子規の場合は、「まり」で通していたと思われる。

第二章は、「ベースボールの歌」。こちらの方は、子規の歌稿『竹乃里歌』において全九首が「ベースボールの歌」としてまとめられているので、子規の内《なか》で「九首」が意識されていよう。明治三十一年(一八九八)の作。翌明治三十二年(一八九九)にもう一首作っている。先に検討した例の写真を見ての一首であろう。前書《まえがき》に「おのが写真を古き新しき取り出《い》だして」と置いての八首中の一首である。

球《まり》及び球《まり》を打つ木を手握りてシャツ著《き》し見れば其《その》時おもほゆ

この一首の「球」も、「たま」ではなく、「まり」と読むべきであろう。

第三章、「ベースボールとは何ぞや――随筆『松蘿玉液《しょうらぎょくえき》』より」は、本書の枢要部。まず『松蘿玉液』は、子規の本格的第一随筆集ともいうべきもの（明治三十五年十二月五日刊、小谷保太郎編『子規随筆　続編』吉川弘文館、所収）。「松蘿玉液」は、子規が所有していた墨の銘。「日本新聞」の明治二十九年（一八九六）四月二十一日より十二月三十一日まで全三十二回連載。その中の七月十九日、七月二十三日、七月二十七日の三回にわたって（断続している）、子規はベースボール論を展開したのであった。

この間、子規は、第一回の七月十九日付「日本新聞」において、ベースボールの来歴について言及している。ところが、この記述は子規が「おぼろげなる伝聞」によって綴ったものであり、誤りがあった。それに対して「好球生」（ひょっとしたら中馬庚《ちゅうまんかなえ》かもしれない）なる人物より、それを正す投稿があった。そこで、子規は、その投稿をそのまま「日本新聞」七月二十二日付第一面「雑録」欄に掲出した（本書33頁参照）。注目すべきは、その見出し（標題《タイトル》）である。「野球《ベースボール》の来歴」とある。すなわち子規は、先に見たように「弄球」と称えたこともあったが、この時点で「ベースボール」が

「野球」と訳されていることを、はっきりと認識しているのである（中馬庚が「野球」と訳し『一高野球部史』が発行されたのは、明治二十八年二月のこと。子規は自《みずか》らの雅号「野球《ノボール》」が、「ベースボール」の呼称として定着しつつあるのを、どのような気持ちで受け止めていたのであろうか。すこぶる興味深い）。が、子規は、終生、「ベースボール」で通している。

第四章は、「ベースボールに耽る――随筆『筆まかせ』より」。子規が松山より東京に上京した翌年、明治十七年（一八八四）二月十三日より、明治二十五年（一八九二）九月二十一日まで書き続けられたのが、初期随筆『筆まかせ』。子規がベースボールに夢中になった時期と重なり、ベースボールへの言及も少なくない。この章では、それらに目を通してみた。「ボール狂」の子規の生《なま》の声を聞くことができる。

終章の第五章は「地獄に行ってもベースボール――小説「啼血始末《ていけつしまつ》」「山吹の一枝」より」。

「啼血始末」より見ていく。明治二十二年（一八八九）執筆の著述『子規子』の一部。全体は「啼血始末、血の綾《あや》、読書弁」より構成されていたようであるが、今日披見し得るのは「啼血始末」と「読書弁」のみ。子規は、明治二十二年五月九日喀血するが、

「啼血始末」は、そのいきさつを戯作的に脚本化したもの。先に見たように、子規は、明治二十二年四月三日より七日まで、常盤会寄宿舎のベースボール仲間吉田匡《ただし》と「水戸紀行」の旅を試みている。その途次、寒さの中で那珂川《なかがわ》を下り、これが喀血の原因となる。そのことを判事(閻魔大王《えんま》)の前で、被告(子規)は、次のように語っている。子規自《みずか》ら、子規の病《やまい》の第一歩を語っていて興味深い。「浄玻璃《じょうはり》の鏡」に写る「小舟の中で慄《ふる》へてゐる」自らの説明である。

これは自分がこの春の四月初めに常州地方漫遊の際、那珂川の舟中にて余り寒くてふるへました。それがためにや帰京後数日を経て、すなはち同月十五日頃と覚ゆ、腹痛に伴ふて震慄《ふるえ》が起りました。その時間五分くらゐにて、一夜の中に三度ありました。これも〔喀血の〕原因となつたかも知りません。

この子規(被告)が、立会検事(牛頭赤鬼《ごず》)の問い掛け「出京後もやはり散歩や運動はせぬか。」に対して、これ等はきらひですが、ベース・ボールといふ遊戯だけは通例の人間よりもすきで、餓鬼になつてもやらうと思つてゐます。

と答えて、ベースボール好きを大いにアピールしているのである。

この「啼血始末」、喀血直後の子規の心境を、客観的に面白可笑《おか》しく語っていて、子規を理解するには不可欠な一篇である。

もう一つは、「山吹の一枝」である。これは、「花ぬす人」(正岡子規)と「非風」(新海《にいのみ》正行)との合作による連作小説。明治二十三年(一八九〇)の作とされている。「花ぬす人」稿の第十七回で、未完に終っている。

新海非風は、明治三年(一八七〇)十月六日、子規と同郷の伊予松山の生まれ。後半生は、波瀾万丈の生涯を過し、明治三十四年(一九〇一)十月二十八日、三十二歳で没している。詳しくは、碧梧桐の「非風の家」(『子規を語る』所収)に譲る。執筆時は、共に常盤会寄宿舎生であり、ベースボール仲間であった。子規は、「評判記」(江戸時代の「遊女評判記」「役者評判記」等に倣ったものであろう)において、非風を左のごとく評している(本書57頁参照)。

新海氏《にいのみ》ハ不熱心なると、ボールを恐れらるゝとにて上達し給はず。しかし時々はこの遊びにも手を出し給はゞ上達せぬことやある。

その非風との合作。二人の息はピタリと合っている。紀尾井三郎(二人の友人で、子規門の五百木飄亭《いおきひょうてい》がモデル。飄亭もまた、ベースボール仲間)と、山西増子、芸者小松の二人の女性を回《めぐ》っての関係が、子規と非風によって交互に綴られていく。本書に収めたのは、子規(花ぬす人)による「第七回　投球会」。子規のベースボール好きが十分に活かされており、興味深い一回となっている。

「付録」の「子規とベースボール」の各篇は、子規とベースボールとのかかわりが、門弟各人の視点により具体的に明らかにされていて、大いに参考となる。

(ふくもといちろう　神奈川大学名誉教授)

〔編集付記〕

一、本文庫の底本は、原則的に講談社版『子規全集』によった。ただし「野球の来歴」は「日本」(明治二十九年七月二十二日付)複製(横浜開港資料館蔵)に、「山吹の一枝」は子規自筆原本(松山市立子規記念博物館蔵)によった。

なお、本文中には、〔　〕によって適宜、編者の注解を付した。

岩波文庫(緑帯)の表記について

近代日本文学の鑑賞が若い読者にとって少しでも容易となるよう、旧字・旧仮名で書かれた作品の表記の現代化をはかった。そのさい、原文の趣をできるだけ損なうことがないように配慮しながら、次の方針にのっとって表記がえを行った。

(一)旧仮名づかいを新仮名づかいに改める。ただし、原文が文語文であるときは旧仮名づかいのままとする。
(二)「常用漢字表」に掲げられている漢字は新字体に改める。
(三)漢字語のうち代名詞・副詞・接続詞など、使用頻度の高いものを一定の枠内で平仮名に改める。
(四)平仮名を漢字に、あるいは漢字を別の漢字に替えることは、原則として行わない。
(五)振り仮名を次のように使用する。
(イ)読みにくい語、読み誤りやすい語には現代仮名づかいで振り仮名を付す。
(ロ)送り仮名は原文通りとし、その過不足は振り仮名によって処理する。
例、明に→明《あきらか》に

(二〇二二年九月、岩波文庫編集部)

正岡子規《まさおかしき》ベースボール文集《ぶんしゅう》

2022年9月15日　第1刷発行

編　者　復本一郎《ふくもといちろう》

発行者　坂本政謙

発行所　株式会社　岩波書店
〒101-8002 東京都千代田区一ツ橋2-5-5
案内 03-5210-4000　営業部 03-5210-4111
文庫編集部 03-5210-4051
https://www.iwanami.co.jp/

印刷・理想社　カバー・精興社　製本・中永製本

ISBN 978-4-00-360043-6　Printed in Japan

読書子に寄す

—岩波文庫発刊に際して—

岩波茂雄

真理は万人によって求められることを自ら欲し、芸術は万人によって愛されることを自ら望む。かつては民を愚昧ならしめるために学芸が最も狭き堂宇に閉鎖されたことがあった。今や知識と美とを特権階級の独占より奪い返すことはつねに進取的なる民衆の切実なる要求である。岩波文庫はこの要求に応じそれに励まされて生まれた。それは生命ある不朽の書を少数者の書斎と研究室とより解放して街頭にくまなく立たしめ民衆に伍せしめるであろう。近時大量生産予約出版の流行を見る。その広告宣伝の狂態はしばらくおくも、後代にのこすと誇称する全集がその編集に万全の用意をなしたるか。千古の典籍の翻訳企図に敬虔の態度を欠かざりしか。さらに分売を許さず読者を繫縛して数十冊を強うるがごとき、はたしてその揚言する学芸解放のゆえんなりや。吾人は天下の名士の声に和してこれを推挙するに躊躇するものである。このときにあたって、岩波書店は自己の責務のいよいよ重大なるを思い、従来の方針の徹底を期するため、すでに十数年以前より志して来た計画を慎重審議この際断然実行することにした。吾人は範をかのレクラム文庫にとり、古今東西にわたって文芸・哲学・社会科学・自然科学等種類のいかんを問わず、いやしくも万人の必読すべき真に古典的価値ある書をきわめて簡易なる形式において逐次刊行し、あらゆる人間に須要なる生活向上の資料、生活批判の原理を提供せんと欲する。この文庫は予約出版の方法を排したるがゆえに、読者は自己の欲する時に自己の欲する書物を各個に自由に選択することができる。携帯に便にして価格の低きを最主とするがゆえに、外観を顧みざるも内容に至っては厳選最も力を尽くし、従来の岩波出版物の特色をますます発揮せしめようとする。この計画たるや世間の一時の投機的なるものと異なり、永遠の事業として吾人は微力を傾倒し、あらゆる犠牲を忍んで今後永久に継続発展せしめ、もって文庫の使命を遺憾なく果たさしめることを期する。芸術を愛し知識を求むる士の自ら進んでこの挙に参加し、希望と忠言とを寄せられることは吾人の熱望するところである。その性質上経済的には最も困難多きこの事業にあえて当たらんとする吾人の志を諒として、その達成のため世の読書子とのうるわしき共同を期待する。

昭和二年七月